CB070291

Editora Gente

Grandes idéias
Líderes especiais
Empresas vitoriosas

O ato de gerenciar pessoas com sucesso

Alexandre Garrett e
Fernando Luis Dias

Editora Gente

Editora *Rosely M. Boschini*
Assistente editorial *Rosângela Barbosa*
Capa *André Paiva*
Projeto gráfico e diagramação *Marcelo Souza Almeida*
Preparação *Renato da Rocha Carlos*
Revisão *Maria Margarida Negro*
Impressão e acabamento *Alaúde Gráfica*

Dados Internacionais de Catalogação na Publicação (CIP)
(Câmara Brasileira do Livro, SP, Brasil)

Garrett, Alexandre

Grandes idéias líderes especiais empresas vitoriosas : O ato de gerenciar pessoas com sucesso / Alexandre Garrett, Fernando Luis Dias -- São Paulo : Editora Gente, 2003.

ISBN 85-7312-389-3

1. Administração de empresas 2. Administração de pessoal 3. Liderança 4. Negócios I. Dias, Fernando Luís. II.Título.

03-1151   CDD-658.4092

Índices para catálogo sistemático:

1. Liderança : Empresas : Administração   658.4092

Todos os direitos desta
edição são reservados à Editora Gente.
Rua Pedro Soares de Almeida, 114. São Paulo, SP
CEP 05029-030. Telefax: (11) 3675-2505
Site: http://www.editoragente.com.br
E-mail: gente@editoragente.com.br

Às companheiras de vida
Cristina Ramalho e
Selma Dias

Aos nossos filhos
Gabriel e Adriano Garrett
Ana Carolina e Ana Beatriz Dias

SUMÁRIO

Apresentação 9

Prefácio 13

Introdução 19

Capítulo 1 – Ambiente Empresarial Brasileiro 23
- Cenário Econômico 26
- Cenário Político 32
- Os Desafios da Gestão 34
- Diferenciais Competitivos 39
- Aspectos da Liderança 41
- A Busca de Resultados 48

Capítulo 2 – O Desafio da Estratégia 53
- A Definição de Rumos 57
- Comunicação e Comprometimento 61
- Alinhamento de Objetivos 66
- Navegação e Correção de Rumos 72

Capítulo 3 – O Desenvolvimento Contínuo   77
- A Empresa e seus Desafios   81
- Compartilhar Responsabilidades   87
- Nunca Estaremos Prontos   90
- Conciliando o Coletivo e o Individual   93

Capítulo 4 – Reconhecimento e Recompensas   97
- Os Sistemas de Compensação   100
- Cuidado com a Avaliação   106
- Compartilhando Vitórias   109
- Valorizando os Resultados   111

Capítulo 5 – O Ambiente Organizacional   115
- O Relacionamento com o Time   118
- A Qualidade de Vida   122
- Envolvendo a Comunidade   126
- Integrar para Realizar   128

Capítulo 6 – Toques Finais   133

Bibliografia   139

Bibliografia Recomendada   141

APRESENTAÇÃO

Este livro aborda de forma objetiva a integração entre ambiente empresarial, estratégia, desenvolvimento contínuo, reconhecimento e recompensa e, por último, ambiente organizacional. O sucesso das organizações, de acordo com os autores, consiste em gerenciar esses elementos críticos, tendo como atores principais as pessoas e os líderes.

A tecnologia e o capital financeiro são fatores-chave de sucesso das organizações, mas estão cada vez mais se subordinando à capacidade de criação de valores e conhecimentos das pessoas. Ou seja, a dinâmica dos mercados, das economias e do mundo faz com que as mudanças ocorram cada vez mais depressa, obrigando as organizações a se desenvolverem continuamente em busca da sobrevivência. Apenas o capital intelectual (ou o capital humano) pode assegurar que novos conhecimentos sejam permanentemente gerados e criados para acompanhar essa dinâmica.

Diante desse quadro que nos é apresentado pelos autores, o resultado dos negócios passa a ter uma dependência vital da capacidade de produzir conhecimentos através das pessoas, bem como da capacidade de liderança das organizações para buscarem atingir suas metas e resultados.

Os autores partiram de uma visão macro do cenário empresarial brasileiro a fim de que se possa ter uma visão mais focada dos desafios que se apresentam. Para se buscar uma solução para esses desafios há necessidade de se combinar uma qualidade excelente de pessoas com um excelente trabalho de liderança.

O outro ponto muito bem abordado pelos autores é com relação à necessidade de se ter uma estratégia definindo claramente os objetivos a serem atingidos. As pessoas precisam conhecer a estratégia da organização para que possam alinhar seus esforços e seus objetivos individuais com os dela. Muitas empresas mantêm essas informações restritas ao grupo diretivo, o que acaba, muitas vezes, impedindo que as pessoas conheçam sua estratégia.

Como o mercado é cada vez mais dinâmico e a obsolescência das tecnologias e produtos é cada vez mais rápida, as organizações necessitam assegurar que as pessoas estejam continuamente se desenvolvendo. E isso vale tanto para as organizações quanto para as pessoas no sentido de desenvolverem sua carreira, pois hoje é muito fácil ficar desatualizado e com isso perder o mercado ou o emprego.

Para que a dinâmica de desenvolvimento e de motivação esteja sempre presente se faz necessário um modelo de reconhecimento e recompensa bastante efetivo e alinhado com essas novas demandas. Um bom exemplo é a criação de programas de remuneração por competência e por habilidade. Ou seja, são modelos de remuneração cujo objetivo é estimular as pessoas a aumentar suas competências e habilidades para que possam cada vez mais agregar valor ao negócio.

Por último, os autores concluem enfocando a necessidade de as organizações cuidarem bem do seu ambiente organizacional interno, integrando-o à comunidade. Ter um ambiente saudável sob todos os pontos de vista e ser uma organização com boa cidadania corporativa é de fundamental importância para ter sucesso. Quem subestima essa necessidade está fadado ao fracasso.

Grandes idéias, líderes especiais, empresas vitoriosas, como foi mencionado aqui, nos apresenta um grande desafio, em que o elemento principal é a qualidade das pessoas aliada a uma grande capacidade de liderança. As organizações que gerenciarem bem esses dois elementos – pessoas e liderança – conseguirão trilhar o caminho do sucesso de forma consistente e continuamente crescente.

Felipe Westin
Economista e gestor profissional de pessoas

PREFÁCIO

Transformações em escala mundial estão ocorrendo no meio ambiente e no âmbito interno das organizações empresariais em face da necessidade de sua sobrevivência no segmento econômico em que atuam. Nestes tempos em que afloram significativas mudanças de paradigmas, pode estar ocorrendo uma migração para um novo contexto empresarial que poderia perfeitamente ser caracterizado como gestão das organizações sob a liderança de seus gestores de forma ética e socialmente responsável. Os novos tempos estariam a exigir novos padrões de comportamento e, conseqüentemente, novas formas de gestão sob uma liderança com maior responsabilidade social.

Nesse contexto a indagação que surge é sobre o porquê da defasagem entre o que é escrito e divulgado na forma de livros sobre *liderança* e o que é praticado no mundo dos negócios no Brasil. Seriam obras meramente traduzidas do exterior e que não diriam respeito à conjuntura dos negócios no Brasil? E, no contexto do século XXI, como será a economia nacional? O que acontecerá com os negócios dada a maior conscientização do cliente quanto à qualidade dos produtos fornecidos pelas empresas e das pessoas, responsáveis por essa qualidade, que compõem o contexto interno dessas organizações?

Cada vez mais, as organizações percebem que de nada valerão suas estratégias de negócios para ampliar mercados, conquistar clientes e obter resultados favoráveis se não considerarem que tudo depende da boa execução, pelas pessoas, dos processos que compõem a sua cadeia produtiva. E que a realização desses processos está diretamente ligada ao desempenho das pessoas da organização em um contexto de responsabilidade social e de correta conduta organizacional dos executivos e empresários em termos de ética e liderança.

Gestão do capital intelectual, de competências, do conhecimento e outros novos conceitos que transformam o tradicional gerenciamento reativo diante das questões de liderança e trabalho em equipe exigirão que tipo de gestor e de liderança organizacional?

E a missão, a visão e os valores da nova organização do futuro? Como seriam redefinidos em termos de liderança em vista da exigência de uma nova postura ética e de responsabilidade social perante os colaboradores internos, clientes e comunidade em geral?

Esta obra, certamente, não apresenta as respostas para todas essas indagações, uma vez que tais mudanças são permanentes e exigem ajuste contínuo do processo de gestão, principalmente das pessoas que compõem as organizações. Representa, no entanto, uma síntese da vivência dos autores, *Alexandre Garrett e Fernando Luis Dias*, ao longo do exercício de sua carreira profissional e visa estabelecer uma compreensão relativa ao exercício prático da *liderança* no âmbito empresarial.

Este livro procura apresentar as melhores práticas das organizações que vêm se consolidando no cenário nacional como referencial de excelência. Seu grande mérito foi evidenciar o que as organizações brasileiras estão buscando em termos de desenvolvimento contínuo de seus colaboradores, de forma consciente e ética, evitando a simples apresentação de fórmulas prontas de como liderar pessoas. A obra foi escrita pelos autores com uma grande preocupação didática para facilitar sua leitura, partindo do cenário empresarial brasileiro, passando pela análise da gestão de pessoas alinhada às estratégias corporativas até chegar ao exercício da liderança no âmbito interno das organizações.

Útil aos empresários, executivos, pesquisadores, estudiosos das organizações e administradores em geral no desenvolvimento de reflexões que lhes permitam discernir questões que, pela sua natureza e ênfase, compõem o conjunto de fatores de excelência empresarial do que se convencionou denominar *liderança*.

Certamente esta obra será muito proveitosa para que o leitor trilhe os caminhos da liderança, dada a vivência profissional dos autores aqui colocada para reflexão. É um livro de cabeceira do executivo e do empresário interessados na condução de seus negócios com responsabilidade social quanto a seus produtos e mercados e que têm a preocupação ética com a qualidade do clima organizacional no contexto interno de suas organizações.

Boa leitura.

Takeshy Tachizawa
Empresário e autor de livros
sobre gestão de negócios

> "Enquanto o poder dominar nosso pensamento sobre a liderança, não conseguiremos progredir para um padrão de liderança mais elevado."
>
> MAHATMA GANDHI

INTRODUÇÃO

Expressões como "liderar processos", "liderar mudanças", "liderar projetos" significam, em última instância, liderar pessoas. O segredo dos líderes em organizações que estão dando certo no mercado é fazer com que as pessoas acreditem e aceitem sua liderança, se inspirem com suas idéias, compartilhem sua visão e, principalmente, se comprometam com os objetivos propostos.

O exercício da liderança é hoje o maior desafio em todos os tipos de organização. Atender às metas dos negócios, cobrar resultados em prazos curtos e com manutenção constante da qualidade dos produtos e serviços oferecidos, motivar e comprometer os colaboradores nessas tarefas exige extrema dedicação diária dos que estão à frente das organizações.

O objetivo deste livro é identificar e analisar as práticas de gestão de pessoas que se têm adotado em algumas empresas. Este trabalho reflete parte das discussões do Fórum Líder RH, realizado em junho de 2002 em São Paulo. Não nos cabe apresentar fórmulas, muito menos fornecer receitas, já que em se tratando de liderança não se sabe se ela deve ser ideal ou eficaz.

Cada organização tem características próprias, devendo-se levar em conta seu estágio de desenvolvimento e os aspectos de sua cultura organizacional diretamente conectados com sua estratégia, como aponta Michael Porter[1]:

> A cultura pode reforçar vigorosamente a vantagem competitiva que uma estratégia genérica busca alcançar, caso ela seja apropriada. Não existe uma cultura boa ou ruim. A cultura é um meio para alcançar uma vantagem competitiva, e não um fim em si mesmo.

Para discutir de que forma as organizações vêm tratando a gestão de pessoas no Brasil, temos de avaliar alguns aspectos do cenário empresarial brasileiro. Para tanto, faremos uma análise das profundas transformações ocorridas no ambiente econômico do País na última década, resultantes do

---

1 *Vantagem competitiva*, p. 21.

processo de globalização de sua economia com mudanças significativas no modo de operação dos negócios.

Para abordar de maneira clara as questões ligadas diretamente à gestão de pessoas dentro das organizações, definimos quatro grandes temas. Em primeiro lugar, enfocaremos a estratégia empresarial e de que forma ela se estabelece com os colaboradores para que eles busquem os objetivos traçados pela organização. Será considerada aqui a capacidade de motivação e envolvimento dos colaboradores para a efetivação da estratégia.

Ao tratar do segundo tema, abordamos a necessidade de desenvolvimento contínuo das empresas e das pessoas. Atualmente, a fim de acompanhar as constantes mudanças na sociedade, surgem novos conhecimentos e modelos de gestão que interferem nas formas de organização para produzir, ganhar novos mercados e absorver tecnologias. Desenvolver uma cultura de aprendizado contínuo é extremamente importante nesse processo.

O reconhecimento e as recompensas aos resultados obtidos pelos colaboradores constituem o terceiro tema. A organização precisa se preocupar em estruturar programas competitivos de remuneração e benefícios, de acordo com seus objetivos. O reconhecimento não-financeiro também contribui para melhorar a motivação do grupo e seu ambiente de trabalho.

Esse ambiente organizacional, quarto tema enfocado, precisa refletir respeito às pessoas, facilitando as relações de trabalho. Não deve haver paternalismos, mas sinceridade, ética e honestidade. Cada vez mais as organizações se voltam para o ambiente externo, interagindo com as comunidades em que estão inseridas, seja atuando com responsabilidade social, seja apoiando programas comunitários. E isso ocorre tanto como forma de valorização de sua imagem quanto meio de melhorar o relacionamento com seus colaboradores.

As reflexões aqui propostas buscam incentivar discussões sobre o tema "Liderança e gestão de pessoas" e facilitar a atuação do líder. Presidentes, diretores, gerentes ou supervisores precisam conhecer ferramentas que os aproximem de suas equipes de trabalho. Entender gente é o primeiro passo para organizar, estruturar e liderar negócios. A compreensão desse ponto certamente trará bons frutos a todos os que interagem no complexo mundo organizacional.

1

AMBIENTE EMPRESARIAL BRASILEIRO

"As transformações na economia e na sociedade não podem obscurecer os enormes desafios que o Brasil tem pela frente. O principal deles é provavelmente o de revolucionar a educação, cujas deficiências representam sério obstáculo ao desenvolvimento."

Mailson da Nóbrega

As profundas transformações pelas quais a economia brasileira passou na última década trouxeram significativos desafios ao exercício da liderança dentro das organizações. As novas condições impostas por um mercado mais competitivo e cada vez mais agressivo levaram nossas empresas a buscar novas formas de associação para facilitar a estratégia de consolidação e expansão dos negócios.

O País passou por uma ampla exposição às condições globais da economia, às disputas por mercados, às "guerras" contra políticas protecionistas e barreiras alfandegárias. Isso permitiu que as subsidiárias dos grandes grupos econômicos mundiais instaladas no Brasil aumentassem sua participação nas estratégias globais de suas matrizes.

O Brasil passou, enfim, a ter maior importância no cenário econômico mundial, o que trouxe consigo uma série de desafios ao exercício das lideranças nas organizações. Compreender todas essas transformações, avaliar seus impactos no ambiente de negócios, criar condições para que a empresa continue atuando no mercado e, o mais importante, fazer com que os colaboradores se envolvam e se comprometam com seus novos objetivos e metas são pontos essenciais na atuação das lideranças locais.

Cenário econômico

O atual cenário econômico brasileiro passou a ter seus contornos definidos no início da década de 1990, sob o governo Collor. Políticas de abertura do mercado nacional e a eliminação gradativa das barreiras alfandegárias (por exemplo, no setor de informática) intensificaram a globalização brasileira.

Nessa época, vimos os primeiros movimentos de vários setores econômicos adaptando-se às novas condições de competitividade, aumento das importações com concorrência aos produtos nacionais e iniciativas de modernização das empresas. Cabe destacar que o governo Collor trouxe grandes incertezas e o acirramento do tradicional aumento de inflação interna.

Esse período de incertezas só foi revertido a partir de 1994, com a implantação do Plano Real. A estratégia de implantação da URV, novo indicador para correção de contratos, gradativamente levou a população a se acostumar a um padrão monetário estável, facilitando em muito a implantação da nova moeda, o Real, a partir de julho daquele ano.

A turbulência constante em uma economia atrelada a financiamentos externos e inflação interna alta acabou gerando uma *expertise* do executivo brasileiro, que passou a ser um especialista na atuação em mercado instável. Foram tantos planos econômicos tentando eliminar o processo inflacionário por meio de medidas díspares, como o tabelamento de preços, o bloqueio dos recursos da população, a adoção de novos padrões monetários e outras, implantadas de um dia para outro, que os brasileiros se tornaram especialistas em gestão de ambientes turbulentos.

Felizmente, hoje temos uma geração de jovens que já não consegue imaginar a vida diária sem um padrão de estabilidade da moeda. Também na atuação das empresas, esse processo é perceptível. Já não convivemos com tanta freqüência com os tais reajustes automáticos de preços. Como o consumidor passou a rejeitar essa prática, temos assistido, recentemente, à disputa entre o comércio e a indústria quanto ao aumento de preços. Enfim, o mercado está mais complexo e competitivo, mas pelo menos a moeda está estável.

A política de abertura das duas últimas décadas também gerou a concentração das operações em alguns setores, como o financeiro, permitindo a entrada no mercado de mais instituições estrangeiras, principalmente por intermédio do processo de privatização.

Basicamente, as grandes alterações nas operações das instituições financeiras foram geradas pela necessidade de se adaptar à estabilização da economia e de focar a rentabilidade de suas operações, gerando uma crescente informatização do setor, criação de novos produtos, alterações na forma de cobrança dos serviços e maximização das instalações.

Como estratégia de diminuição da atuação do Estado brasileiro na economia, assistimos também, nos últimos anos, ao marcante processo de venda das empresas estatais, seja na esfera federal, seja na estadual e, em alguns casos, na municipal. Tal processo se deu em instituições financeiras, empresas de distribuição de energia, telecomunicações, mineração, siderurgia, transporte ferroviário, passando pela concessão da exploração das estradas do País.

Teve lugar, então, uma mudança radical na forma de gestão dessas organizações. A maioria dessas empresas, com exceção do transporte ferroviário após sua privatização, adotou padrões internacionais de administração e estratégia empresarial, proporcionando a esses mercados uma competitividade inexistente na época de sua condição de estatal, o que, a longo prazo, deverá trazer benefícios aos consumidores.

A entrada de investimentos estrangeiros cresceu e, em alguns casos, como por exemplo no setor de telecomunicações, foi demasiadamente otimista. Esses aportes de recursos se deveram a uma expectativa de demanda que não se confirmou, gerando um excesso de oferta e capacidade ociosa em uma parcela da cadeia de fornecedores. Agora, esse setor está passando por um período de consolidação da sua atuação, em que se prevê ajuste das organizações ao tamanho do mercado. Também se especula que o setor passará por um período de incorporações, resultando em um número menor de empresas atuantes.

Essa realidade já é comum em outros setores da economia, como farmacêutico, químico, siderúrgico e, mais recentemente, no comércio varejista. Em busca de ganho de escala em suas operações, de maximização dos seus recursos, de complementaridade dos seus negócios ou de racionalidade na disputa pelos mercados, as organizações têm buscado as mais diversificadas formas de fusão, incorporação, aquisição ou outros tipos de associação.

Com freqüência, vemos desaparecer nomes tradicionais de empresas dos mais diversificados setores, seja pelo processo de fusão de duas ou três empresas para o surgimento de outra bem maior, seja pelo processo de aquisição ou incorporação por outra companhia. O mercado mudou seu paradigma de atuação – quem até ontem era seu maior concorrente pode hoje estar trabalhando a seu lado. Em alguns casos, grupos concorrentes em determinado setor podem se associar em um outro e atuar em parceria.

Também vemos um movimento de compra de empresas nacionais, de todos os portes, por grupos multinacionais, alterando radicalmente as regras de funcionamento da concorrência no setor. Os padrões do mercado, portanto, estão cada vez mais fluidos e sujeitos a mudanças rápidas e inesperadas. O grande desafio para as lideranças está em preparar suas organizações e colaboradores para conviver diariamente com esse ambiente de mudanças, pois só assim conseguirão sobreviver.

Outro ponto de destaque nesse processo de internacionalização do ambiente empresarial brasileiro é o fato de que empresas brasileiras também estão se tornando transnacionais. Empresas como a Embraco, o Grupo Gerdau, a Odebrecht, entre outras, partiram para criar filiais em outros países, até mesmo pelo processo de aquisição de outras companhias.

É evidente que alguns setores estarão mais globalizados, como o automobilístico, químico e farmacêutico, do que outros em que há um domínio maior de empresas nacionais, como o de transporte e serviços médicos e hospitalares. Entretanto, essa dinâmica de funcionamento do mercado está presente em todos os setores, alterando as condições de concorrência, de disponibilização da tecnologia, de desenvolvimento de fornecedores e, principalmente, de definição do público consumidor.

Outro fator que tem gerado incertezas e turbulências na gestão de empresas é o modelo econômico brasileiro: o Brasil tem grande dependência de financiamento de capitais internacionais para fechar seu fluxo de conta corrente, o que o torna muito vulnerável às crises internacionais. Já sofremos os reflexos de problemas ocorridos no México, Rússia, países asiáticos e, mais recentemente, na Argentina. Isso gerou pressões cambiais, elevação da taxa de juros, diminuição dos investimentos estrangeiros, pressões inflacionárias e dificuldades em atingir as metas de crescimento econômico.

Cenário político

Nosso sistema político, o presidencialismo, é centrado na figura de um presidente forte, que resolva todos os assuntos e em quem a população deposita grandes expectativas. Nosso presidente, porém, tem precisado fazer uma série de coalizões com outros partidos para ter seus projetos aprovados pelo Congresso Nacional.

Isso pode ser entendido a partir da fragilidade dos partidos políticos brasileiros. Com exceção do Partido dos Trabalhadores (PT), talvez os partidos não tenham uma vinculação forte com seu eleitorado. Em nome da pluralidade política, nossa legislação permite a livre constituição de partidos políticos; e o que se verifica em alguns casos é a criação de siglas partidárias apenas para abrigar os egos de estrelas que se sentiram desconfortáveis nos partidos a que estavam filiadas. Outro complicador é a intensa troca de políticos entre os partidos, mais um sinal de sua frágil ideologia política, fazendo com que o eleitorado se vincule mais ao nome do político do que ao partido.

Esses fatores têm levado a composições entre os partidos políticos representados no Congresso Nacional. O partido do presidente da República não possui maioria dos votos, o que o obriga à realização de alianças partidárias. São intensas negociações para acomodação dos interesses de todos. Não raro, essa situação tem levado o Poder Executivo a adotar medidas provisórias. Houve casos em que mudanças radicais e fundamentais da economia foram adotadas dessa forma e tiveram sucessivas reedições para que sua efetividade fosse mantida até a análise e aprovação do Congresso Nacional (por exemplo, na implantação do Plano Real).

Esse contexto exige das organizações uma dose extra de capacidade para gerir o imprevisto. Tentar planejar e atuar num ambiente tão volátil é um excelente exercício de adaptabilidade imposto a suas lideranças. Isso se aplica a qualquer empreendimento empresarial, desde as multinacionais até as microempresas, que precisam criar uma cultura de mudança constante para garantir a continuidade de suas operações. Talvez tenha sido por isso que a atuação no Brasil se tornou um estágio importante na formação de executivos das companhias multinacionais.

Os desafios da gestão

O ambiente de atuação das organizações está cada vez mais complexo. A dinâmica das mudanças, as exigências do mercado nacional e global, as características dos novos modelos de organização e de gestão e os avanços da tecnologia propõem desafios inusitados a seus gestores. O ritmo dos negócios é cada vez mais rápido, exigindo *respostas imediatas por parte das organizações, antecipação às necessidades dos clientes, agilidade no aproveitamento das oportunidades e muita criatividade para criação de novos serviços e produtos.*

O número de variáveis para análise e avaliação no ambiente empresarial ampliou-se consideravelmente. Cresceu a concorrência no mercado. As tecnologias estão disponíveis em âmbito mundial, com múltiplas alternativas. O cliente/consumidor se tornou mais exigente, desejando ser tratado diferenciadamente e muito mais consciente de seus direitos.

As organizações *têm necessidade de conciliar seu pensamento estratégico e visão global com a realidade dos mercados locais*. Ao definir sua estratégia de atuação, avaliar suas oportunidades de negócios e possibilidades de parcerias e a disponibilização de tecnologia, *sua concepção de operações precisa estar alinhada globalmente*. C. K. Prahalad[2], consultor organizacional, avalia que a nova era da competição exige novas características da empresa global: *ela deve ter integração operacional, coordenação estratégica, transferência de conhecimentos e adaptabilidade ao contexto local.*

Segundo ele, o gerenciamento do negócio deve possibilitar a plena integração operacional, estimular a troca de experiências e conhecimentos entre suas diversas unidades operacionais, mas sobretudo voltar-se aos mercados locais em que atua. Este é um grande desafio de gestão: *manter uma unicidade estratégica, mas ao mesmo tempo conhecer*

---

2 Palestra promovida pela HSM do Brasil em 2002, em São Paulo.

profundamente os mercados em que atua e ter agilidade para o entendimento e atendimento de suas necessidades.

Segundo o professor Peter Drucker[3]:

> A maioria das grandes multinacionais de manufatura, finanças e seguros organizaram-se em *Unidades de Negócios* de âmbito mundial através de fronteiras nacionais. O negócio de *leasing* de uma empresa de serviços financeiros é dirigido como uma empresa, seja na Espanha ou na Hungria, e dirigido separadamente de qualquer outro negócio da mesma empresa de serviços financeiros na Espanha ou Hong Kong, por exemplo o negócio de câmbio. Mas as empresas aprenderam que, para o governo ou o sindicato local ou qualquer outra agência política local, a *Unidade de Negócios* é uma ficção sem significado. Para elas, Espanha ou Hong Kong é a única realidade significativa e, portanto, o negócio espanhol ou de Hong Kong da empresa é a única unidade que eles reconhecem, aceitam e com a qual estão dispostos a negociar. Nenhuma empresa que conheço ainda conseguiu saber antecipadamente qual decisão e ação podem ser tratadas como sendo da *Unidade de Negócios* e qual terá de ser tratada como *nacional* – e menos ainda saber antecipadamente como fazer

---

3 *Desafios gerenciais para o século XXI*, p. 60.

com que uma ação ou decisão se encaixe em ambas as realidades, a econômica da unidade de negócios transnacional e a realidade política da *soberania* espanhola ou Hong Kong.

Algumas empresas brasileiras direcionaram sua linha de produtos para o consumo popular e conseguiram solucionar as dificuldades de distribuição em um país com as dimensões territoriais continentais e, principalmente, com diferenças sociais e econômicas extremamente acentuadas. Essas empresas criaram uma estrutura operacional enxuta e eficiente, distribuindo seus produtos nos mercados mais populares dos grandes centros urbanos, como também em localidades distantes e de difícil acesso do interior do País. E muitas estão conseguindo resultados mais satisfatórios do que as grandes multinacionais.

Para atender a essa nova caracterização da atuação empresarial local, temos assistido a inúmeras formas de associação entre as organizações: aproximação entre concorrentes e compras de empresas para ter rápido acesso a novos mercados, associações entre empresas de setores econômicos até então bem distintos, possibilitando a integração de múltiplas tecnologias. Partiu-se da integração vertical, em que a empresa atuava em todas as fases do processo produtivo, passou-se pelo processo de terceirização e caminhou-se para o cenário de alianças e redes.

Nesse ambiente, passou a ser condição básica para a sobrevivência das organizações o atendimento aos padrões internacionais de qualidade e produtividade, com foco no relacionamento com o cliente e racionalização de suas operações e custos, mantendo-se padrões de rentabilidade e lucratividade.

Analisando as características do novo ambiente organizacional, o professor Michael Hammer[4] formula o seguinte modelo:

- A equipe acima do indivíduo.
- O cliente acima do chefe.
- A disciplina acima do caos e da improvisação.
- Transparência e compartilhamento.
- Responsabilidade pessoal.
- Responsabilidade coletiva.
- Agir como adultos.

---
4 Palestra na Expo-Management, promovida pela HSM do Brasil em novembro de 2002, em São Paulo.

Outras questões incorporadas ao ambiente empresarial foram a crescente discussão dos aspectos éticos no relacionamento com os clientes, parceiros e colaboradores; a inclusão de questões ambientais, como a preocupação com a preservação do ambiente, tratamento dos resíduos de produção; avaliação de seu papel social, como a repercussão de sua atuação na comunidade em que está instalada, apoio a programas de caráter social; e o seu reconhecimento e valorização pela sociedade.

Nesse sentido, as empresas 3M, Alcoa, Belgo Mineira, CPFL, DOW Química, Marcopolo, McDonald's, Natura, Samarco, Serasa e Zanzini foram apontadas como modelos de cidadania em 2002 pelo Guia da Boa Cidadania Corporativa, editado pela revista *Exame*.

Diferenciais competitivos

Cada organização precisa descobrir o diferencial de sua atuação, aquilo que a destaca em seus negócios e é único, difícil de imitar, permeando toda a organização e transcendendo as suas unidades de negócios. Em seguida, é preciso avaliar sua capacidade de liderar mudanças em sua atuação.

Segundo C. K. Prahalad[5]:

Para avaliar a capacidade de uma empresa em competir, deve-se observar bem o grau de mudanças que estão ocorrendo em seu setor de atuação, como também o grau das mudanças incorporadas em sua direção estratégica e a capacidade de adaptação a elas. Além disso, a empresa deve manter com qualidade sua infra-estrutura e estar pronta para transformações em todos os níveis.

Para o autor, se o resultado dessa avaliação demonstrar que a organização está em patamares inferiores aos do seu mercado de atuação, a empresa não terá condições de liderar o processo de transformação e será sempre uma seguidora das mudanças implantadas por outros.

Para alterar esse quadro, a organização deverá focar seus esforços em ampliar significativamente sua capacidade de mobilização e reação às mudanças. Esse desafio depende quase exclusivamente de dois fatores: a capacidade de suas lideranças em comandar esse processo de transformação e a qualidade e prontidão do seu quadro de colaboradores.

Os sentimentos, expectativas, motivações diferenciadas precisam ser considerados em sua indivi-

---

5 Palestra promovida pela HSM do Brasil em 2002, em São Paulo.

dualidade e em sua ação no grupo. Ter a capacidade de envolver e comprometer os colaboradores com as estratégias de negócio é o modo de potencializar reações positivas às constantes mudanças exigidas nos ambientes organizacionais.

Aspectos da liderança

Num ambiente empresarial em que há uma universalização do acesso às tecnologias, em que não há mais barreiras geográficas ao desenvolvimento de fornecedores, em que as metodologias e ferramentas de gestão estão amplamente disseminadas, o grande diferenciador da performance nos negócios é o potencial humano. A obtenção dos resultados organizacionais e a efetivação da estratégia estão diretamente vinculadas ao tratamento e relacionamento com o grupo de colaboradores.

O professor Peter Drucker[6] comenta:

> O centro de uma sociedade, economia e comunidade moderna não é a tecnologia, nem a informação, tampouco a produtividade. É a instituição gerenciada como o órgão da sociedade para produzir resultados. E a gerência é a ferramenta específica, o instrumento

---
6 *Desafios gerenciais para o século XXI*, p. 41.

específico, para tornar as instituições capazes de produzir resultados. Isso, porém, requer um novo paradigma gerencial final: a preocupação da gerência e sua responsabilidade é tudo o que afeta o desempenho da instituição e seus resultados – dentro ou fora, sob o controle da instituição ou totalmente além dele.

Para gerenciar os processos de mudanças e os projetos ou qualquer outra atividade dentro das organizações, é preciso liderar pessoas. São elas que efetivamente fazem as coisas acontecer. Há dois tipos de protagonistas, bem distintos, em uma organização: líderes e liderados.

Hoje não se pode pensar em líderes e liderados sem levar em conta suas emoções, suas experiências de vida e seu modo de pensar e agir. A imprevisibilidade comportamental e a personalidade, única de cada indivíduo, caracterizam bem a dificuldade que reside em liderar pessoas.

Para liderar é necessária a figura de um líder. Muito se discute sobre as características necessárias ao bom líder. Para Deepak Chopra[7], o líder é a alma simbólica da coletividade, que age como catalisador de mudanças e transformações. A cons-

---

7 Palestra na Expo-Management, promovida pela HSM do Brasil em novembro de 2002, em São Paulo.

ciência grupal polariza-se em si mesma como o líder e ele projeta a consciência grupal.

Acreditamos que tais características são influenciadas pelo contexto histórico das organizações em que o líder atuou e atua. A ação desse profissional geralmente está ligada ao momento histórico e a cada processo organizacional.

O exercício da liderança também é muito influenciado pelo ambiente, que exige dos líderes aguçada capacidade de análise e torna seu desafio altamente instigante.

No contato diário entre os protagonistas de uma organização é que se constroem as bases do relacionamento e das relações de confiança. É na rotina diária, no encaminhamento dos problemas, na discussão das atividades a executar, na cobrança de prazos, na administração das dificuldades e na apuração e avaliação dos resultados que se manifesta o padrão da liderança de cada organização. Esse relacionamento pode comprometer ou facilitar seu desempenho, dependendo de como os colaboradores percebem o comportamento da liderança.

As empresas atualmente têm investido muito em processos de planejamento estratégico, na definição de objetivos e na implementação de políticas de gestão de pessoal que impulsionem seus resultados. Entretanto, todo esse esforço poderá ser em vão se no relacionamento diário com seus colaboradores as lideranças adotarem posições diferentes das propostas.

Essa situação é mais acentuada no ambiente de pequenas empresas, em que na maioria dos casos a liderança é exercida pelo próprio dono do negócio, o que aumenta o risco de confusão entre os papéis de líder e empresário, gerando maiores conflitos com sua equipe.

Na liderança não existe fórmula pronta, pois cada organização é um universo próprio, com suas características e história, necessitando que seja construído o estilo de liderança que melhor atenda a suas necessidades. Para tanto, a referência das teorias e das práticas das outras organizações é muito útil, pois a partir dessas concepções e experiências pode-se analisar criticamente o contexto em que elas foram criadas para, posteriormente, avaliar a realidade de cada organização e propor alternativas aos modelos gerenciais vigentes.

Nesse sentido, como referência e para análise do estilo gerencial, apresentamos algumas características que acreditamos sejam fundamentais no exercício diário da liderança.

- A primeira diz respeito à **consciência**. O líder deve entender o ambiente em que está inserido. A partir do desenvolvimento da capacidade de apreender e interpretar os estímulos do ambiente, tanto os externos como os internos à organização, ele terá uma atuação mais efetiva e condições de influenciar seus colaboradores.
- Em seguida vem a **convergência**, a capacidade do líder de, a partir dos múltiplos estímulos e informações, convergir seus pensamentos e ações para o que a organização espera de sua atuação.
- É fundamental, ainda, que um líder desenvolva a habilidade da **comunicação**, apresentando clareza em sua forma de se expressar e evitando, assim, a ocorrência de dupla interpretação. Entretanto, mais do que conseguir expressar seus pensamentos, um líder necessita desenvolver de forma muito aguçada a capacidade de ouvir as pessoas. É mostrando seu real interesse no que os outros estão falando, prestando atenção a seus argumentos, entendendo o raciocínio de cada um, que ele vai construir o diálo-

go e promover a troca de percepções e experiências, tornando a gestão mais produtiva.

- De igual importância é a **constância** de propósitos. Talvez essa característica seja uma das mais difíceis de exercer. Conseguir manter-se fiel a seus propósitos e fazer com que suas ações diárias os reflitam exige do líder, muitas vezes, tomada de posições não tão populares ou tranqüilas. Mas, conseguindo isso, ele obtém muito mais facilmente o respeito e a confiança de seus colaboradores, que percebem que a liderança não está sujeita aos ventos de ocasião.

- Ao lado da constância está, portanto, a **coerência** nas atitudes. Fazer discurso a respeito de valores e forma de gestão é muito fácil; o difícil é conseguir manter-se coerente a eles nas atitudes diárias.

- Por fim, deve-se destacar a necessidade do **conhecimento,** principalmente das condições e características do ambiente de negócios, para analisar e intervir em sua realidade de maneira consciente e eficiente.

A liderança precisa, ainda, entender e gostar de trabalhar com gente. Precisa saber que o exercício da liderança não é exato, mas está submetido às variações e especificidades do comportamento humano. E é preciso, principalmente, estar disposto a enfrentar esse desafio, pois pode ser extremamente recompensador envolver e comprometer as pessoas com as constantes e rápidas mudanças no ambiente organizacional, desafiá-las constantemente, fazer que apresentem alta performance e contribuam com os resultados da empresa.

Para o professor Deepak Chopra[8], o líder deve:

- Ver e ouvir (observar, sentir, pensar, analisar, ser, compartilhar com entusiasmo, inspiração e paixão, questionar-se).
- Outorgar poder (a você e a sua equipe).
- Ter consciência lúcida (quem somos, o que queremos, qual nosso propósito...).
- Fazer (voltado para a ação, *feedback*, persistência, comemoração, metas inteligentes).
- Ter consciência expandida (liberdade emocional, empatia).

---

8 Palestra na Expo-Management, promovida pela HSM do Brasil em novembro de 2002, em São Paulo.

- Demonstrar responsabilidade (iniciativa, assumir riscos, fazer o que diz, estabelecer valores, integridade, verdade, saúde).
- Demonstrar sincronicidade.

O líder não está só em sua jornada. Há um contingente enorme de pessoas exercitando diariamente sua liderança e obtendo resultados significativos. Compartilhar idéias e saber dividir suas tarefas com os outros é o maior exercício da liderança construtiva. Felizmente, na era do conhecimento criou-se o bom hábito de trocar experiências e vivenciar novas formas de convivência entre as pessoas. A liderança nessa nova era jamais fica isolada, pois divide vitórias e fracassos com seus liderados.

A busca de resultados

Um dos pilares de toda a atividade empresarial é a verificação dos resultados alcançados. Acostumamo-nos a apurar, checar, conferir e avaliar nossas conquistas, como forma de validar nossos esforços e mesmo de buscar o reconhecimento por nosso trabalho. As empresas sempre desenvolveram ou adotaram alguma metodologia de apuração de seus resultados, nem sempre as mais objetivas, mas sobretudo as que melhor representam a realidade empresarial e que serão reconhecidas e aceitas pelo mercado.

Os indicadores mais adotados pelas organizações eram os que demonstravam os resultados financeiros das operações. Por décadas, os únicos resultados considerados relevantes dentro das empresas referiam-se ao retorno dos investimentos, sua rentabilidade e lucratividade, acompanhados dos dados financeiros de fluxo de caixa, de avaliação do patrimônio. Recentemente, outras variáveis passaram a merecer atenção dos administradores, como ação social da empresa, o grau de satisfação de seus colaboradores e, eventualmente, o desempenho da organização no mercado para satisfazer seus acionistas ou sócios majoritários.

No novo contexto empresarial, tem-se acelerado o ritmo em que os resultados são exigidos. Os prazos estão cada vez menores. É preciso fazer mais, melhor e mais rápido. As exigências do mercado globalizado se ampliam, em função das estratégias mundiais das corporações transnacionais e, também, dos novos modelos de gestão, com a redução ou eliminação dos estoques, grande enfoque nas questões de logística e o atendimento da demanda do cliente/consumidor.

Nunca se viu tanta discussão em torno da melhoria de performance organizacional, formas de aumentar a racionalidade das operações, adoção de programas de participação e melhoria da remuneração de funcionários em função dos resultados esperados.

Deve-se evitar uma corrida desenfreada em busca dos resultados sem avaliar o custo disso, em seu sentido amplo. Mais uma vez, é preciso concentrar os esforços no acompanhamento e avaliação dos resultados e indicadores que efetivamente reflitam a atuação das empresas. O aspecto ético ganhou destaque no mercado, e os recentes escândalos financeiros ligados aos balanços de grandes corporações norte-americanas serviram como alerta de que nem sempre o atendimento de legislação contábil vigente e a ganância de ganhos em Bolsas de Valores servem aos acionistas.

Além da ética, é preciso avaliar o nível de desgaste que a procura desenfreada pela melhoria de performance está causando nas estruturas das organizações. Aqui, não nos referimos exclusivamente à pressão exercida sobre as pessoas, mas também a quanto a empresa está inviabilizando ou não sua permanência e seu crescimento no mercado, em virtude da exaustão de sua capacidade produtiva e de inovação.

Tom Peters[9] observa:

> Aumentar as receitas (novos produtos, inovação em geral) é o bilhete de entrada. Embora os custos devam permanecer sob controle e a gordura mantida no mínimo, em longo prazo são os construtores que irão colher as recompensas de Wall Street. Cortar empregos é trabalho duro. Criar empregos é genialidade.

As organizações deparam com o grande desafio de buscar o equilíbrio entre as exigências de melhoria de performance e a necessidade de manter a saúde de sua estrutura produtiva. Desafio que, como os demais aqui já apresentados, pode ser resolvido a partir de uma efetiva atuação das lideranças organizacionais.

---

9 *O círculo da inovação*, p. 23.

2
O DESAFIO DA ESTRATÉGIA

"As empresas visionárias geralmente têm missões ousadas como uma forma poderosa de estimular o progresso."

DAVE ULRICH

Muito se tem falado de estratégia nas organizações. Teorias e metodologias de elaboração do planejamento estratégico são cada vez mais discutidas e disseminadas. A preocupação em estabelecer a direção a ser seguida nos negócios está mais presente. Da mesma forma, a preocupação em conseguir fazer com que os colaboradores da empresa atuem de forma integrada na busca da efetivação dos objetivos traçados tem atormentado os pensamentos de muitos líderes e se tornado, muitas vezes, seu maior desafio de gestão.

Os professores Robert Kaplan e David Norton[10] apresentam esse desafio:

> A implementação da estratégia começa pela capacitação e envolvimento das pessoas que devem executá-la. Algumas organizações mantêm suas es-

---

10 *A estratégia em ação*, p. 207.

tratégias em segredo, compartilhando-as apenas entre a alta administração. A implementação é feita de modo centralizado no estilo militar de *comando e controle*. Embora esse caminho tenha sido amplamente utilizado pelos executivos durante a maior parte do século XX, uma parcela significativa dos executivos das organizações modernas orientadas para a tecnologia e o cliente percebe que não tem condições de determinar e comunicar todas as ações locais necessárias à implementação de uma estratégia bem-sucedida. As organizações que desejam a contribuição de todos os funcionários para a implementação da estratégia compartilharão suas visões e estratégias de longo prazo com seus funcionários e os incentivarão ativamente a sugerir formas pelas quais a visão e a estratégia possam ser alcançadas. Esse sistema de *feedback* e orientações engaja os funcionários no futuro da empresa e os encoraja a participar da formulação e da implementação da estratégia.

Além de discutir os conceitos de missão, visão, valores e estratégia, as organizações hoje precisam conhecer as experiências de outras empresas. O *benchmarking* é essencial para identificar o que cada organização tem feito para conseguir o envolvimento de seus colaboradores na busca da efetivação de sua estratégia e obtenção de bons resultados.

A definição de rumos

O ambiente empresarial atual traz para as organizações uma situação de certa forma contraditória no que diz respeito a seus processos de planejamento estratégico. No mesmo momento em que impõe a necessidade de focar sua atuação, identificar seu diferencial competitivo, estabelecer seus objetivos e seu horizonte de atuação, exige delas uma enorme capacidade de se adaptar a mudanças, convivendo com um cenário de constantes alterações, exigindo agilidade para rapidamente atender às novas demandas e configurações do mercado. Ou seja, as empresas devem trabalhar com uma certa estabilidade no planejamento, mas também incorporar possíveis instabilidades dos mercados em que atuam.

É indiscutível a necessidade de as organizações estabelecerem sua missão, visão e seus valores. Isso é fundamental para que a empresa tenha claro o seu foco de negócios, a posição a atingir no mercado, o seu direcionamento e, principalmente, as regras de conduta que nortearão sua atuação. Nesse sentido, as empresas devem divulgar o máximo possível esses direcionadores. Todos os seus colaboradores devem conhecer os rumos que a organização vai adotar.

Mas não basta divulgar essas informações. É preciso, também, trabalhar para que sejam plenamente entendidas por todos dentro da empresa. A clareza desses objetivos é fundamental, pois a partir dela os funcionários terão condições de alinhar sua atuação com os resultados esperados pela direção. Nesse processo, cada um sabe sua contribuição para a estratégia.

Em seu livro *Estratégia empresarial: tendências e desafios*, os professores Takeshy Tachizawa e Wilson Rezende definem estratégia competitiva como o conjunto de ações que uma organização empreende com a finalidade de melhorar o seu desempenho presente e futuro. Ou seja, são ações executadas para melhorar sua posição diante de concorrentes reais ou potenciais e materializam-se através da busca de vantagens em relação aos concorrentes, atendimento às necessidades dos clientes e adaptação às mudanças ambientais.

Por ser fundamental para os destinos da organização, a estratégia deve englobar todas as ações da empresa. Cada um de seus projetos deve estar alinhado com os objetivos estratégicos. Para tanto, ela deve ser o mais clara possível, facilitando seu entendimento e assimilação pelos colaboradores e sua rápida disseminação por todos os níveis funcionais.

A estratégia deve, preferencialmente, ser apresentada em poucas linhas de atuação, norteando as ações da empresa. Quando apresentada em muitas linhas, a organização perde seu foco, pulverizando seus esforços. Quando os focos de atuação são multiplicados, as áreas funcionais não conseguem identificar o que realmente é prioritário. Não é raro encontrar organizações com doze ou quinze linhas estratégicas. Assistimos, então, a uma histeria interna, em que cada um julga que seu projeto é "mais estratégico" que o outro, gerando disputas internas, tensão, desperdício de esforços e perda de foco no que realmente é importante.

As empresas que conseguirem avançar nessa direção, estabelecendo sua estratégia com foco, com clareza dos objetivos a alcançar e disseminando esses objetivos por todos os seus níveis funcionais, terão dado um primeiro passo na melhoria de sua atuação no ambiente de negócios.

A seguir, apresentamos as experiências de algumas empresas que direcionam sua atuação nesse sentido e buscam, cada vez mais, se destacar em seu mercado.

A Intelig desenvolveu o programa Visão, Valores e Estratégia, por meio do qual buscou criar os valores da organização, entendimento desses valores pelas lideranças, validação pelos acionistas, comunicação e integração focada em todos os funcionários e vivência da visão e dos seus valores em seu dia-a-dia, passando então para as ações de compartilhamento da estratégia.

A mesma preocupação demonstrou a Basf, na elaboração e divulgação de seus valores e princípios, de seu código de conduta, incorporando questões como o desenvolvimento sustentável e a responsabilidade social.

Outras experiências apontam para uma efetiva participação das áreas de Recursos Humanos no processo de planejamento estratégico. Podemos citar o Citibank, em que questões de direcionamento e estratégia são debatidas em cafés da manhã de líderes e colaboradores da empresa com o presidente e a área de RH.

Na Ford, todas as lideranças da organização definem anualmente seus objetivos, em processo coordenado pela área de RH, que também prevê o encadeamento das metas por toda a empresa. Da mesma forma, a área de RH do Grupo Pão de Açúcar tem destacada atuação nesse processo. Lá, o desenho da estratégia é feito para toda a empresa e para cada Unidade de Negócios, em que a área de RH participa do direcionamento das análises e discussão dos resultados alcançados e da definição das metas futuras. Essas metas são discutidas e aprovadas pelo comitê executivo e divulgadas a todos os colaboradores.

As experiências aqui apresentadas são de grandes empresas, mas gostaríamos de destacar que esse processo de planejamento estratégico e o estabelecimento da estratégia organizacional podem e devem ser desenvolvidos também pelas pequenas e microempresas. Talvez elas não tenham acesso ao mesmo volume de informações das grandes empresas, mas certamente o processo de pensar objetivos, posicionamento no mercado e a definição estratégia vão enriquecer sua atuação.

Comunicação e comprometimento

O processo de comunicação dentro das empresas tem de ser muito bem cuidado, entendido como um mecanismo de mão dupla, em que as decisões não são simplesmente informadas, mas compartilhadas com todos os níveis hierárquicos. Entendemos que esse processo requer a participação ativa de todos os interlocutores.

Dessa forma, o estabelecimento da estratégia não deve ser de exclusividade da cúpula da organização. Sem dúvida, essas discussões são encaminhadas e as decisões são tomadas pelos diretores, mas elas serão muito mais adequadas às condições do mercado de atuação da empresa se forem baseadas em informações e observações provenientes de todos os níveis funcionais.

Muitas vezes, informações fundamentais para o encaminhamento dos negócios são obtidas junto a colaboradores diretamente vinculados às operações da empresa. As organizações que conseguirem criar canais de comunicação entre seus colaboradores para que esses tipos de informação sejam sistematizados e compartilhados por todos terão certamente condições de estabelecer estratégias mais realistas e focadas em seu mercado.

Aliado a esse fato, o envolvimento de maior número de colaboradores em alguma etapa do processo de estabelecimento da estratégia possibilita maior transparência dos objetivos e maior comprometimento dos colaboradores com as metas traçadas, pois eles terão a percepção de que foram ouvidos e contribuíram efetivamente para a sua definição. Além disso, sentirão que tais metas, apesar de desafiadoras, têm possibilidades concretas de ser atingidas.

Na outra ponta do processo de comunicação, as empresas, ao definir seus rumos, têm de desenvolver caminhos para que seus objetivos estratégicos sejam compreendidos por todos os colaboradores. É necessário que cada um saiba para onde vai a companhia, discuta e conheça quais razões levaram a essa decisão e, principalmente, quais serão os impactos em seu trabalho e o que realmente se espera dele, ou seja, qual será a contribuição de cada um para que a estratégia seja efetivada.

Visando atingir o maior número possível dos mais de 23 mil colaboradores, o Grupo Accor utiliza-se de TV interativa, TV sinal aberto, reuniões estruturadas e, principalmente, incentiva a abertura e o contato das lideranças com a base. Essa postura também é adotada pela Redecard no aprimoramento de seus variados canais de comunicação. A Johnson & Johnson adota ações que tornem claras a todos os colaboradores as metas e os objetivos anuais e de médio prazo da organização, que são alinhados aos da América Latina. Preocupação também manifestada pela Nestlé na divulgação de sua estratégia, com a utilização do boletim do presidente.

Em se tratando de comunicação dentro da empresa, a participação dos principais executivos é de grande valia. Nessa oportunidade, podem discutir com o grupo de colaboradores os rumos da empresa e mostrar que os objetivos são de todos e dependem da participação de cada um para seu cumprimento.

Portanto, o primeiro desafio desse processo é a clareza da mensagem que será passada; o segundo é que as lideranças estejam efetivamente engajadas nessas ações e dispostas a discuti-las amplamente.

Para conseguir efetividade na comunicação, cada empresa necessita avaliar os caminhos que lhe tragam melhores resultados. Certamente, as que contam com grande número de colaboradores ou estão distribuídas em muitas unidades operacionais terão um desafio extra para equacionar toda a logística da operação. Analisando adequadamente sua estrutura e utilizando-se da maior gama possível de ações de comunicação, sua possibilidade de sucesso nesse processo aumentará.

O Grupo Pão de Açúcar, em seu fechamento anual, promove uma reunião para o balanço dos resultados, análise conjuntural e apresentação das principais estratégias para o ano seguinte. Essa reunião é realizada no Ginásio do Ibirapuera, em São Paulo, possibilitando a participação de maior número de colaboradores, incluindo familiares. Para os que não podem comparecer, as informações são transmitidas pelos vários veículos de comunicação interna (jornais, vídeos, reuniões face a face e encontros com o presidente).

Há a preocupação de que o jornal e o vídeo sejam produzidos rapidamente para que os colaboradores tenham acesso às informações no dia seguinte ao da realização do evento.

Uma questão que tem sido deixada de lado pelas organizações é a participação de parceiros e terceiros nesse processo de conhecimento da estratégia. Atualmente as empresas têm se utilizado de diversas formas de contratação de pessoal para a condução de suas operações. Cada vez mais, estão presentes as figuras conhecidas como terceiros e parceiros, que muitas vezes assumem atividades ou etapas significativas dos processos de produção dentro das empresas. Esse tipo de contratação deixou de atingir exclusivamente as atividades de apoio ou burocráticas e passou a estar presente em atividades fundamentais.

Entretanto, muitas vezes o envolvimento desse pessoal com a estratégia da empresa limita-se a cumprir os volumes e prazos previstos em contrato. Ao assumir tarefas mais significativas, esses profissionais passam a ser co-responsáveis por parcelas representativas da estratégia organizacional e precisam ter um envolvimento maior com ela, para entender melhor a magnitude de sua contribuição e colaborar de maneira mais efetiva.

Alinhamento de objetivos

Passada a etapa de definição da estratégia, em que os rumos e objetivos da organização foram definidos e amplamente divulgados por toda a estrutura funcional, chega a hora de concretizar tudo o que foi idealizado, de transformar em realidade a visão de futuro da empresa. Nessa fase, muitos patinam e se perdem no caminho. Sem dúvida precisa-se de método para traduzir e refletir nas ações diárias os rumos traçados para a organização, mas é preciso tomar cuidado para não focar em demasia os meios e esquecer os fins. Exemplo disso são as demoradas implantações de *softwares* de controle: muitas vezes pensa-se mais nessa etapa do que no objetivo para o qual foram desenvolvidos.

A organização precisa encontrar sua fórmula, seu caminho para alinhar e encadear todos os seus projetos e planos. Para empresas em que essa cultura já está mais desenvolvida e nas quais áreas funcionais incorporaram tal prática, esse processo pode ser formatado com menos controle na definição dos projetos e com um acompanhamento mais efetivo, um sistema eficiente de verificação de resultados e da evolução da estratégia. Nas organizações menos acostumadas com tal prática, é necessário um controle mais rigoroso na etapa de concepção e proposição dos projetos, para garantir seu alinhamento com os objetivos estabelecidos.

Nessas organizações, devem ser criados mecanismos em que seja possível discutir e garantir que os projetos propostos estejam vinculados diretamente à consecução de pelo menos um objetivo estratégico. Esses mecanismos podem ser um comitê de aprovação de projetos, ou podem-se submeter os projetos ao mesmo grupo que aprovou as diretrizes estratégicas. Cada empresa precisa encontrar o modelo mais adequado à sua forma de trabalho e estágio de desenvolvimento, não se esquecendo de que ele deve ser rápido e eficiente e não se transformar em mais um entrave burocrático no seu dia-a-dia.

Certamente, qualquer que seja o estágio de desenvolvimento da organização, todo esse trabalho será facilitado se as etapas de estabelecimento da estratégia e de sua comunicação aos colaboradores tiverem sido bem conduzidas. Se todos conhecerem os objetivos da empresa e, principalmente, se esses fizerem sentido para os colaboradores e forem factíveis, a etapa de alinhamento dos projetos será muito mais produtiva.

A intenção é garantir que a estratégia definida para a organização seja atingida mediante a concretização de todos os projetos aprovados. Por isso, é necessária a vinculação de cada projeto à estratégia e a garantia de que todos os objetivos traçados estejam atendidos por pelo menos um projeto. Essa análise de coerência e cobertura tem de ser realizada antes de essa etapa ser concluída.

Da mesma forma que os objetivos estratégicos são divididos em planos e projetos, estes precisam ser distribuídos em metas funcionais e individuais, garantindo a mesma lógica de vinculação entre eles.

As metas precisam cobrir todo o escopo do projeto e garantir que seu objetivo seja atingido com sua execução. Por outro lado, precisam ser desafiadoras e, ao mesmo tempo, plausíveis e exeqüíveis. Precisam representar aos responsáveis por sua execução um desafio a ser conquistado; precisam motivá-los a conquistá-las, mas não podem representar um sonho impossível que, por mais esforço que seja investido em sua busca, todos saibam que jamais será conseguido, tornando-se altamente desestimulante. Estamos tocando novamente na questão em que os desafios devem fazer sentido para as pessoas e manter conexão com a realidade.

Apesar de as metas serem decorrentes dos projetos da organização e, por conseqüência, de seus objetivos estratégicos, acreditamos que devam ser negociadas com os envolvidos. É óbvio que, se eles participaram do processo de planejamento estratégico desde o início, esse momento será mais fácil de administrar, pois provavelmente os desafios já estarão mais claros. Entretanto, é fundamental essa fase de negociação para o ajuste fino das expectativas e possibilidades. Voltamos a salientar a importância da motivação dos colaboradores e os resultados benéficos nessa área, que trazem o envolvimento e participação das pessoas.

Conseguir traduzir em projetos e metas funcionais e individuais seus objetivos estratégicos é o caminho mais eficiente no planejamento estratégico empresarial. Trata-se de concretizar idéias e propostas, de transformar o sonho em realidade.

É uma etapa em que se enfrentam as dificuldades e obstáculos diários e se é constantemente tentado a abandonar a visão de longo prazo pelos resultados mais imediatos.

É preciso alinhamento das políticas de Recursos Humanos com a estratégia organizacional para contribuir, facilitar e estimular a atuação de toda a organização na busca de seus objetivos estratégicos. As políticas de gestão de pessoas podem atuar como um excelente catalisador do processo de desenvolvimento organizacional, desde que estruturadas a partir das necessidades da organização.

A área de Recursos Humanos deve identificar os valores da organização, que tipos de atitudes são reconhecidos e valorizados, o que realmente conduz as iniciativas e a convivência de todos na organização, para propor políticas que estimulem tais comportamentos. Mas também a atividade de Recursos Humanos pode e deve propiciar a discussão e o entendimento desses aspectos e muitas vezes preparar a organização para a incorporação dos que contribuam com sua linha evolutiva.

Esses valores organizacionais têm de ser o grande referencial para as políticas de gestão de pessoal; devem estar na base de sua concepção e incentivar sua aplicação nas práticas diárias. Manifestamos nossos valores e crenças na forma com que atuamos no dia-a-dia, e somente conseguimos incorporá-los como prática vigente à medida que demonstramos constantemente que eles balizam nossas atitudes.

Entre as organizações que têm buscado garantir esse alinhamento entre a estratégia e seus projetos, pode-se citar a Aventis Pharma, com a aplicação do programa de gerenciamento do desempenho. Realizam-se, em primeiro lugar, reuniões estratégicas das lideranças e de sessões de comunicação com o presidente para disseminação dos objetivos organizacionais. Após essa etapa, todos os colaboradores devem desenvolver suas metas individuais e acordá-las com suas lideranças. Esse programa é aplicado pela área de RH, que funciona como suporte para a disseminação da estratégia global, regional e local.

Na Avon, a área de RH também tem um grande envolvimento na disseminação da estratégia e alinhamento dos objetivos. Anualmente, a empresa publica a agenda de itens prioritários a serem seguidos em cada país onde o grupo tem sede. A missão de RH é traduzir todos esses desafios, para que as pessoas estejam em linha direta com os objetivos do negócio, e buscar sinergia de todos os líderes por meio do estabelecimento de metas.

Nessa mesma direção atuam a Asea Brown Boveri (ABB), que se utiliza de reuniões de *roll down* para disseminação de sua estratégia e estabelecimento das suas metas quantitativas e qualitativas; o Grupo Algar, que estabelece seus indicadores de performance a partir de seus objetivos organizacionais; e a Redecard, que também define todo o seu programa de metas e desempenho com o *balanced scorecard*, o qual reflete toda a sua estratégia.

Navegação e correção de rumos

Ao término do processo de planejamento e disseminação de sua estratégia, as organizações têm nas mãos uma espécie de rota de navegação, na qual está traçado o destino a que se quer chegar. Tem início, então, a grande jornada, a travessia turbulenta da rotina diária, mantendo-se o foco no objetivo a alcançar.

Para monitorar essa travessia, a organização deve adotar um sistema de acompanhamento que possibilite a checagem de sua evolução. Mais que um sistema unicamente de acompanhamento, ele deve estar preparado a emitir sinais de alerta dos possíveis desvios que estejam ocorrendo, para que sejam tomadas medidas de correção. Os alertas devem ser emitidos em tempo hábil para a correção, pois de nada adianta um sistema que nos avise que estamos no caminho errado depois que passamos pela última alternativa de retorno.

Na elaboração desse sistema de navegação e acompanhamento, é ideal contar com um conjunto de indicadores que possibilitem a visão de toda a organização e também do conjunto da estratégia. Não é recomendável a limitação aos tradicionais indicadores ligados unicamente às questões financeiras e de participação no mercado. Não queremos dizer que esses indicadores devam ser desprezados, mas, sim, que é necessário agregá-los a outros que representem a complexidade de toda a organização.

Esse caminho seguiu a Bahia Sul Celulose, que introduziu um sistema de gestão estratégica utilizando-se do *balanced scorecard* para obter o alinhamento de toda a organização e tornar a estratégia visível nas ações do dia-a-dia. Além disso, buscou-se desenvolver e implantar um instrumental que permitisse realizar o desdobramento e acompanhamento das estratégias e da gestão da performance como uma ação permanente.

Esses indicadores devem ser conhecidos por todos os colaboradores, pois precisam refletir a realidade. Não podem produzir uma batalha dentro da empresa para sua apuração. Também devem ser pensadas formas de incorporação de aspectos qualitativos da evolução da organização e, ainda, deve ser possível a avaliação da perspectiva de longo prazo, não se limitando aos resultados de médio e curto prazo.

O acesso a esses indicadores deve ser livre aos colaboradores, e a periodicidade de sua apuração e divulgação deve ser estabelecida em função das características de cada organização e do seu ambiente de negócios. Os indicadores devem promover a avaliação e as correções de rumo no momento adequado. As medidas corretivas precisam ser comunicadas a todos os envolvidos no processo.

Quando ocorrem alterações no posicionamento ou direcionamento de alguma unidade de negócios, o Grupo Pão de Açúcar realiza reuniões com o maior número possível de colaboradores da unidade para divulgação dos novos caminhos, como ocorreu no lançamento do seu novo padrão de atendimento e no momento de reposicionamento da marca Barateiro.

Esse é o mapa de controle da estratégia na organização, o que não invalida a existência de outros indicadores e pontos de controle para acompanhamento das metas funcionais e individuais. O importante é que eles não só tenham a visão imediata dos resultados pontuais, mas também reflitam a avaliação da evolução qualitativa e da perspectiva de longo prazo.

Um fator importante para a condução desse processo é a atuação das lideranças da empresa. Para permitir que ele tenha o efeito de desenvolvimento organizacional e possibilite o acompanhamento da estratégia, a liderança deve facilitar e estimular a discussão e avaliação dos resultados e a identificação das causas para sua evolução, com a participação do maior número possível de colaboradores.

Na prática das organizações, o que se tem verificado é que esses momentos de avaliação e discussão dos resultados ocorrem, no geral, trimestralmente, como fazem a Asea Brown Boveri, a Bristol Myers Squibb, o Citibank, a Aventis Pharma e a Nestlé. Já o formato de realização dessas reuniões pode variar, havendo aquelas em que está presente o presidente da organização, ou *workshops* por área funcional, ou reuniões gerenciais com os colaboradores. Pode-se afirmar que geralmente são realizadas para análise dos resultados, monitoramento da estratégia, revisão do posicionamento estratégico e tomadas de medidas de correção de rumos.

A organização também deve estar aberta a ouvir sugestões e ponderações e, principalmente, a obter propostas de medidas de ajuste e correção dos problemas detectados. Um cuidado especial deve ser dedicado aos casos em que forem encontradas ocorrências de erros involuntários, utilizando o fato como uma possibilidade de crescimento e desenvolvimento para os profissionais, em vez de simplesmente partir para decisões punitivas, o que pode comprometer o nível de participação das pessoas no processo.

Enfim, pode-se concluir que o êxito do processo de desenvolvimento organizacional está intimamente relacionado com a forma de condução da liderança e que, conseqüentemente, trará reflexos na disseminação de sua estratégia.

3

O DESENVOLVIMENTO CONTÍNUO

"Não se 'gerenciam' pessoas. A tarefa é liderar pessoas. A meta é tornar produtivas as forças e o conhecimento específicos de cada pessoa."

PETER DRUCKER

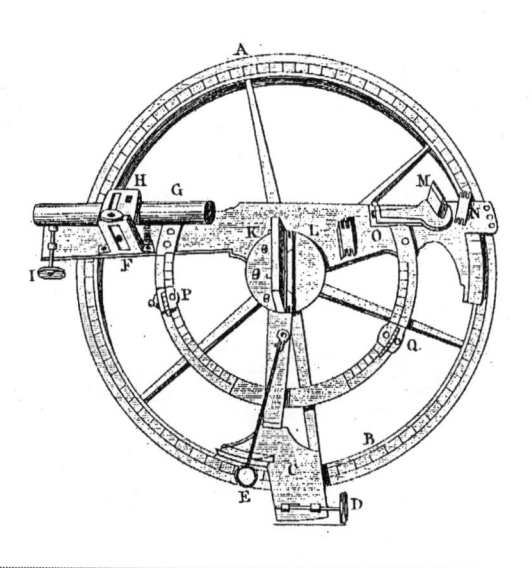

As organizações passam por um processo evolutivo em que apresentam um período de gestação, depois, por um período de crescimento acentuado, em seguida pela fase de maturação e chegam a uma fase de estagnação, podendo logo após entrar em declínio e desaparecer do mercado.

Entretanto, existem organizações que resistem à inexorabilidade desse ciclo e conseguem reverter esse caminho. Elas desenvolveram uma grande capacidade de se adaptar às novas condicionantes do cenário empresarial e reinventar-se constantemente. Conseguiram incorporar a seu código de valores a capacidade e a prontidão para mudanças. Essas características estão em seu código genético, ajudando a antecipar as transformações do mercado e garantir a continuidade de sua existência.

Essas condições certamente dependem do estágio de desenvolvimento de seus profissionais, que incorporam atitudes, valores e conhecimentos que possibilitam a evolução da empresa. Logicamente, eles têm oportunidades e espaço para exercitá-los. Como conseqüência, pode-se ter a concepção de novos modelos de negócios, novos modelos de organização, revisão dos sistemas de gestão, revisão das formas de relacionamento com todos os envolvidos com a empresa e outras medidas que podem contribuir para a evolução da organização.

É preciso transformar a organização num ambiente de contínuo aprendizado. Nesse sentido, apresentamos algumas considerações do professor Peter Senge[11]:

- Precisa-se pensar no modelo mental que governa a empresa.
- Idéias que governam a empresa são as que causam a demissão do CEO se não cumpri-las.
- Nossa atuação reflete nossos valores, principalmente no caso do líder.
- É necessário competência para aplicar o ciclo de aprendizado no dia-a-dia.

---

11 Palestra na Expo-Management, promovida pela HSM do Brasil em novembro de 2002, em São Paulo.

- A arquitetura organizacional deve criar o ambiente para aprendizagem, disponibilizando ferramentas e métodos e tornando-a prática diária.
- O problema é que a única estratégia utilizada para a aprendizagem organizacional foi criar programas de treinamento.

Entender o estágio de desenvolvimento de cada organização e buscar transformá-la num espaço de aprendizado contínuo deve ser um dos focos principais da liderança.

A empresa e seus desafios

Cada vez mais, as condições atuais do cenário econômico mundial impõem às organizações o desafio do constante desenvolvimento. A complexidade dos mercados, as descobertas da tecnologia, os modernos sistemas de gestão, as estratégias de gestão de pessoas, o encurtamento das distâncias, a necessidade de se tornar global, entre outras demandas recentes, trazem consigo a necessidade de constante evolução da atuação empresarial.

Para garantir sua participação no mercado e assegurar a continuidade de sua existência, a evolução das organizações está diretamente ligada ao desenvolvimento de seus colaboradores, pois eles serão o componente que viabilizará todo o processo.

Nesse sentido, pode-se citar a experiência de duas organizações. Na Arno, o desafio consiste na transição do perfil de empresa nacional para multinacional globalizada, que exige ações no campo da gestão organizacional e mudança cultural. Esse processo passa por um projeto de alinhamento estratégico, com revisão dos modelos de gestão e desenvolvimento de lideranças nas novas competências requeridas pela visão de negócios. Na mesma direção, encontra-se a Vicunha Têxtil, que passa por uma definição estratégica com conseqüentes mudanças nas políticas de gestão de pessoas.

Essa preocupação em alinhar e buscar comprometimento com a estratégia, a cultura e a tática organizacional também está presente na atuação da Schahin Engenharia, que centrou nos colaboradores um dos focos de ação. Uma das ferramentas utilizadas foi o *empowerment*, que aumentou a autonomia e responsabilidade dos colaboradores: a empresa cede espaço, e o colaborador devolve em resultados e é remunerado por isso. Outros pontos de atuação foram o endomarketing e o processo de aprendizagem e conhecimento, visando alinhar as competências ao modelo organizacional e buscar o desenvolvimento do capital humano.

Nesse aspecto, hoje em dia se tem discutido quais seriam as competências necessárias às pessoas para garantir o atendimento das necessidades atuais e futuras das organizações. O resultado a que se tem chegado é principalmente relacionado ao que se tem chamado de *competências duradouras, que são ligadas diretamente ao indivíduo e o habilitarão a enfrentar todos os desafios que encontrar, a buscar as informações e conhecimentos de que necessitará e a desenvolver modelos para operação.*

Entre essas competências duradouras, podem-se citar a capacidade de investigação, de ser visionário, empreendedor, capacidade de aprendizado contínuo, de se relacionar com as outras pessoas, ser criativo e ter persistência.

O modelo de desenvolvimento das pessoas, atualmente, precisa buscar o equilíbrio entre a aquisição de conhecimentos, que garantirá seu desempenho nas operações atuais, e a aquisição das competências pessoais e duradouras, que garantirão a melhoria de seu desempenho hoje e lhe proporcionarão condições de alavancar seu desempenho futuro. Conseguir atender ao desafio de atingir esse equilíbrio e de aplicá-lo a todos os níveis hierárquicos é significativo para o crescimento das organizações. As que acharem a resposta a essa equação que seja mais adequada à sua realidade poderão ter vantagens em sua evolução.

A busca por esse desenvolvimento equilibrado do indivíduo deve ser constantemente estimulada pela organização, por intermédio de suas lideranças e de suas políticas de gestão de pessoas, pois elas têm condições de sinalizar aos colaboradores no dia-a-dia do trabalho quais são as competências necessárias a cada momento da empresa, reconhecendo, portanto, os que vão nessa direção.

No Citibank, para vencer o desafio de formar e manter executivos no mundo global, aplica-se o modelo de performance e aprendizado, baseado em quatro grandes elementos que afetam a performance: conhecimentos e habilidades, competências-chave, oportunidades de desenvolvimento e ambiente. Para cada um deles são empregados instrumentos de avaliação dos *gaps* existentes e propõem-se medidas da performance. Também visando ao desenvolvimento da organização atrelado a suas estratégias, a Perdigão estrutura todas as ações de desenvolvimento profissional, e a

Redecard elabora seu programa de aquisição de conhecimentos.

Outro ponto que merece atenção em se tratando de desenvolvimento organizacional é a gestão do conhecimento, um conceito que vem sendo incorporado ao ambiente das empresas nos últimos tempos. As organizações necessitam implantar um sistema para o gerenciamento do conhecimento necessário e disponível na empresa a fim de que ela possa atuar em seu campo de negócios.

Dessa forma, as empresas precisam mapear todas as dimensões e áreas do conhecimento humano que ela deveria dominar, para garantir as operações atuais e futuras. De posse desse inventário de necessidades, devem identificar se têm acesso a esse conhecimento, seja por intermédio de seus colaboradores, por intercâmbio com outras entidades ou por acesso a centros de pesquisa. Essa etapa é fundamental para verificar lacunas de conhecimento na organização que possam prejudicar seu desenvolvimento.

Identificadas essas lacunas, o passo seguinte consiste em estabelecer ações que visem suprir tais necessidades. Entre as medidas possíveis, podem-se citar os investimentos em aquisição de tecnologia, associação com laboratórios e centros de pesquisa, programas de desenvolvimento profissional de seus colaboradores, política de contratação de profissionais que dominem as novas competências exigidas e, finalmente, a implantação de sistemática que possibilite e incentive a troca constante de informações dentro da empresa, o compartilhamento de experiências e a disseminação do conhecimento.

Poucas empresas conseguem gerenciar esse tema de forma adequada, mas as que conseguirem poderão gerar em seu ambiente um excelente diferencial competitivo.

No mesmo caminho, podem ser citados os modelos de gestão por competências, que também estão no centro das discussões nas áreas de Recursos Humanos. Mas são poucas as empresas que efetivamente conceberam seu sistema de gestão de pessoas baseado na competência, uma vez que sua adoção implica uma mudança radical na filosofia da empresa em relação ao seu pessoal, passando a privilegiar as competências individuais de cada colaborador, com reformulação de todos os seus instrumentos de gestão nessa área.

O que se tem encontrado é a aplicação do conceito de competências isoladamente em uma ou outra prática de RH, mas não na concepção da política de gestão de pessoas como um todo. Ele é aplicado no desenvolvimento de pessoal, ou no processo de seleção de pessoal, e com menor freqüência nos sistemas de remuneração. Essa é uma área do desenvolvimento organizacional em que ainda há muito campo para discussão.

Finalmente, outro desafio das organizações ao pensar seu desenvolvimento é equilibrar suas políticas de Recursos Humanos, baseando-se na perspectiva de que agora precisa alinhar suas políticas de gestão de pessoas com as estratégias de negócios. Conseguir o equilíbrio entre obter resultados e cuidar das pessoas é o ponto crucial e deve ser definido em cada organização.

Compartilhar responsabilidades

As organizações tradicionais assumiam a responsabilidade pelas carreiras e pelo desenvolvimento de seus colaboradores, desenhando o caminho da ascensão do profissional dentro de sua estrutura de cargos e definindo quais cursos e programas de treinamento cada um cumpriria. Cabia ao colaborador executar o trajeto traçado e, com isso, garantir seu sucesso profissional.

Essa atitude limitou o desenvolvimento dos profissionais ao que a empresa definiu para a carreira de cada um, muitas vezes negligenciando as aspirações e ambições de crescimento do indivíduo.

Com a mudança nas relações de trabalho, esse compromisso mudou. Novas condições foram estabelecidas, e as pessoas passaram a desenvolver sua própria trajetória profissional, assumindo a responsabilidade pelo gerenciamento de sua carreira.

Isso não significa que as empresas devam deixar de incentivar e apoiar o desenvolvimento profissional de seus colaboradores. Hoje, isso acontece de forma até mais intensa do que no modelo anterior, mas a iniciativa em definir o objetivo e os meios para sua realização é de cunho individual. A postura de compartilhamento entre o colaborador e a empresa estabelece o trajeto de desenvolvimento profissional de forma muito mais adequada.

Com base nessa visão, as empresas estão estruturando seus processos de gestão de carreiras, identificando as demandas individuais e coletivas de aperfeiçoamento e compartilhando com seus colaboradores as responsabilidades por sua obtenção. Nesse caminho estão o Citibank, a Volvo e Metrô de São Paulo.

Como exemplo dessa postura, podem-se comentar as práticas de *e-learning*, utilização da via eletrônica e variados recursos de mídia para concepção e aplicação de programas de aprendizagem. Nesse tipo de modelo, a organização estrutura e põe à disposição de seus colaboradores programas de educação e treinamento, utilizando os conceitos de educação a distância e os recursos da informática, principalmente Internet e intranet. O colaborador pode candidatar-se a um dos programas que lhe interessem para o desenvolvimento de sua carreira, despendendo uma parte de seu tempo ao aprendizado, uma vez que os conteúdos podem ser acessados a qualquer horário.

Outro exemplo desse compartilhamento de responsabilidade são os programas de capacitação desenvolvidos no exterior. Normalmente, a iniciativa parte do colaborador que busca ampliar sua e passar por uma experiência internacional. As organizações apóiam essas iniciativas de diversas maneiras, mediante liberação e concessão de licença ao colaborador, com eventual apoio financeiro e também valorização e reconhecimento dessas iniciativas.

Cabe ao colaborador assumir a responsabilidade por sua carreira e compartilhar com a organização a complementaridade por seu desenvolvimento, não deixando que tudo seja decidido e assumido pela empresa.

Nunca estaremos prontos

No século XX, assistimos a uma radical aceleração do nível de descobertas, e os avanços ocorridos em apenas um século superam em muito o ritmo de descobertas verificadas nos séculos anteriores.

A informação mais acessível gerou uma evolução nas práticas e nos sistemas de gestão das empresas, aumentando a complexidade do ambiente de negócios. Chegamos hoje ao que se convencionou chamar de era do conhecimento, em que o acesso à informação está bem mais democratizado, o que ocorreu também com o conhecimento tecnológico.

Nas organizações, isso facilitou o desenvolvimento profissional e pessoal dos indivíduos. Gradativamente, o modelo tradicional de formação de profissionais está sendo substituído. Hoje, o profissional nunca está pronto. Ele precisa reciclar seus conhecimentos constantemente.

A conclusão dos cursos de formação escolar e acadêmica é apenas o ponto de partida para a experiência do desenvolvimento continuado. As possibilidades de conhecimento não estão apenas vinculadas às iniciativas formais de capacitação. A participação em projetos, a troca de experiências com outros profissionais, a leitura de livros e revistas, a pesquisa na Internet são novas oportunidades de aquisição de conhecimentos.

Isso não invalida as iniciativas formais de aprendizagem. Sem dúvida, os cursos de especialização, MBAs, mestrados e doutorados e também os programas de desenvolvimento oferecidos pelas organizações são excelentes oportunidades de aquisição de conhecimento e atualização. Todas as opções reforçam a necessidade de que o indivíduo assuma o comando de sua carreira profissional, o que facilita a definição de suas escolhas a partir do objetivo traçado.

É importante incentivar as atitudes individuais de cada um em estar aberto a qualquer oportunidade de aprendizagem que se apresente. Nesse momento, a postura alerta ao aprendizado é fundamental para o colaborador e para a aquisição de novos conhecimentos. "Aprender sempre" é o novo lema. A disposição e a disponibilidade para isso são imprescindíveis.

Aqui cabe um papel fundamental às organizações, que podem contribuir significativamente para o aprendizado e desenvolvimento de seus colaboradores e, assim, obter melhorias em sua própria performance. Entre as diversas formas de contribuição, podem-se citar:

- A criação de um ambiente favorável à troca de idéias e de experiências; o estímulo ao trabalho em equipe, também como forma de ampliar o aprendizado e a pesquisa.

- Saber lidar com a ocorrência de erros.

- Criar ambiente de abertura a sugestões e contribuições dos colaboradores; desenvolver suas lideranças para atuarem como facilitadores do processo de aprendizagem.

- Incentivar e apoiar as iniciativas de desenvolvimento de seus colaboradores; conceber e disponibilizar programas e oportunidades de aprendizagem; ampliar o escopo e a abrangência de seus programas de treinamento; reconhecer e motivar os colaboradores que buscam seu desenvolvimento profissional.

- Estabelecer constantemente uma estratégia corporativa de desenvolvimento de seu pessoal.

Apresentaremos algumas organizações que têm avançado nesse sentido e oferecido diversas oportunidades de desenvolvimento a seus colaboradores, como a Bristol Myers Squibb, a Dow Química, a Aventis Pharma, com seu programa de desenvolvimento Aventis Talent Management, a Nestlé, com seu amplo programa de desenvolvimento profissional com oportunidades no exterior, a Basf, a Redecard e a Vicunha Têxtil.

Na Ford, podem ser citados o Programa de Trainees, Programa Shadow, os MBAs Globais, Special Assigments e Short Rotation. No Grupo Pão de Açúcar, têm-se os esforços para desenvolver uma população de 53 mil colaboradores, com iniciativas bem diversificadas para atendimento de suas demandas, destacando-se as de capacitação dos executivos nas competências essenciais do negócio e as de implantação do padrão de atendimento do grupo, em que são abordados os valores, a cultura de atendimento e o padrão operacional da organização.

Conciliando o coletivo e o individual

As estratégias de desenvolvimento das pessoas nas organizações sempre foram pensadas com base nos grupos existentes em sua estrutura de cargos. Quando os programas de treinamento eram concebidos, partia-se das necessidades coletivas. Analisavam-se as características dos cargos e as mudanças que seriam introduzidas durante o ano, e os planos de desenvolvimento eram produzidos considerando-se a participação de todos os ocupantes de determinado cargo.

Hoje, as organizações precisam mapear as necessidades de qualificação e capacitação de seu pessoal, tendo como pano de fundo sua estratégia e desafios de negócios, para depois avaliar quais conhecimentos já estão disponíveis na organização e o que será necessário desenvolver ou buscar fora dela. Aqui, passou-se a ter de conciliar as demandas da organização com as expectativas de cada um dos colaboradores, a fim de obter o melhor resultado para a performance da empresa.

Como exemplo dessa estratégia, pode-se apresentar o programa de *assessment* de habilidades individuais ou por área funcional, aplicado pelo Citibank, e o plano de desenvolvimento individual e da equipe, elaborado pela Intelig. Na mesma linha de desenvolvimento individualizado estão os programas de *coaching*, como os desenvolvidos pela SAP, Renner Dupont e Accenture.

Os projetos de educação corporativa, em que

as organizações concebem suas estratégias de desenvolvimento de pessoal a partir de suas demandas de negócios, de seus desafios e de sua estratégia, formam diferenciadas oportunidades de aprendizagem que cobrem suas necessidades de conhecimento e disseminam e estimulam o comportamento de seus colaboradores em alinhamento com seus valores organizacionais. Essa estratégia de educação corporativa deve ser estruturada de forma que atenda ao maior numero possível de colaboradores, com vasta gama de assuntos e programas.

Algumas empresas avançam nessa concepção e partem para a implantação de universidades corporativas, em que consolidam sua política de educação corporativa e passam a desenvolver programas de educação com currículos adaptados a sua realidade de negócios. Expandem assim sua atuação para além das fronteiras da organização, direcionando sua aplicação também para fornecedores e clientes e outros grupos com quem mantêm relacionamento, de forma que viabilizam sua estratégia, ampliam sua capacidade de atuação no mercado com melhor aproveitamento das oportunidades e busca de novos nichos de atuação e, principalmente, criam na organização condições que garantam sua existência futura.

Entre as diversas organizações que estruturam modelos de universidade corporativa, há o Grupo Algar, a Sabesp, a Tigre, o Carrefour, que criou o Instituto de Formação Carrefour, e o Grupo Accor, que implantou a Academia de Serviços.

Destaca-se nessas iniciativas o fato de não se limitarem a instrumentalizar a organização, mas estão centradas no desenvolvimento dos indivíduos, em potencializar suas competências para que possam exercer sua atividade na plenitude de sua capacidade intelectual e também seu papel social de cidadão. Essas iniciativas contribuem em muito para o desenvolvimento organizacional, mas também para o desenvolvimento da sociedade, à medida que colaboram na formação de cidadãos mais críticos e conscientes.

Trata-se de uma grande evolução do papel das organizações em relação à capacitação de seu pessoal, que começou com a visão tradicional de treinamento de habilidades para o trabalho e encontra-se a caminho do desenvolvimento de cidadãos. Sem dúvida, hoje encontramos empresas em todos os estágios desse ciclo evolutivo, pois, como já citamos em outros momentos, cada organização tem seu ritmo de desenvolvimento.

4

RECONHECIMENTO E RECOMPENSAS

"O verdadeiro poder é aquele capaz de levar você a sua realização no meio da escuridão sem testemunhas, somente pela felicidade de ajudar o outro a realizar seus sonhos."

ROBERTO SHINYASHIKI

Faz algum tempo que o sistema de remuneração das organizações não se limita a administrar as políticas de cargos e salários e os planos de benefícios. O que vemos hoje é a necessidade de criar um sistema de compensação e de reconhecimento dos resultados alcançados, mas diretamente alinhado aos objetivos estabelecidos na estratégia empresarial.

Aliás, essa coerência com os objetivos da empresa tem de ser a tônica da elaboração de toda a política de compensação, pois os instrumentos e alternativas de plano disponíveis nessa área são muito variados, possibilitando a adoção do modelo mais adequado às necessidades de cada organização. Entender os objetivos estabelecidos e conseguir desenhar o sistema de compensação que melhor direcione e incentive a atuação dos colaboradores é o grande desafio de hoje.

Por outro lado, também é necessário que esse sistema apresente uma característica acentuada de flexibilidade, pois deve atender à demanda de gestão de todo o grupo de colaboradores, mas prevendo o tratamento individualizado de cada um. Outra característica de sua necessária flexibilidade é a inclusão de variadas formas de remuneração, de reconhecimento de resultados para que se possa cobrir toda a complexidade do universo da organização.

Os sistemas de compensação

Nós não podemos deixar de reconhecer a enorme importância dos sistemas de remuneração no contexto das políticas de gestão de pessoas. Para facilitar seu entendimento, vamos analisar separadamente cada aspecto dessa área.

Com relação às estruturas de cargos, o que vemos atualmente é uma certa diversificação em sua composição. Apesar de ainda se manter sua divisão em grupos de cargos, estes passaram, em função de todas as alterações nas formas de organização do trabalho, a ter um escopo amplo. Deixaram-se os cargos específicos e passou-se para cargos mais abrangentes e caracterizados por conteúdo muito mais complexo.

Em conseqüência, também foram ampliados os requisitos mínimos para acesso a eles, levando a uma exigência de maior qualificação aos colaboradores. Ainda não ocorreram mudanças profundas nas formas de classificação e avaliação dos cargos. O tradicional sistema de pontos é muito utilizado na montagem de sua estrutura. Verifica-se, porém, uma tendência de mudanças nas iniciativas de algumas empresas em migrar para um sistema de cargos orientado por habilidades e competências necessárias ao desempenho do cargo em substituição ao rol de atribuições. Entretanto, essas iniciativas ainda mantêm algum vínculo com o sistema de pontos, partindo para sistemas híbridos.

Percebe-se uma mudança na forma de definição dos diferentes níveis dentro do mesmo cargo – por exemplo, funções com níveis júnior, pleno e sênior. Nesse caso, as competências exigidas em cada um de seus níveis têm sido o grande norteador de sua hierarquização. Isso possibilita a diferenciação dos colaboradores em função do seu nível de atuação. Esse é um bom exemplo da tendência de migração para um sistema híbrido: cargos hierarquizados por pontos e seus níveis caracterizados por competências.

Outra tendência é a concepção de todo o sistema de remuneração baseado em competências, incluindo a hierarquização dos cargos, seus respectivos níveis, a forma do sistema de avaliação de desempenho e a definição do posicionamento salarial dos colaboradores. Essa abordagem é adotada por algumas empresas, porém não é uma prática amplamente disseminada no mercado. Podem ocorrer sérias dificuldades em sua implantação, pois ela depende muito do estágio de desenvolvimento em que se encontra a organização, e muitas vezes os aspectos de sua cultura dificultam a introdução do conceito da gestão de carreiras por competência.

A Volvo e a Telefônica estão entre as organizações que já inseriram um sistema de remuneração por competências; na Sabesp, este encontra-se em processo de implantação.

Com relação à remuneração propriamente dita, a necessidade de manter a competitividade dos níveis salariais da organização é condição básica para sua administração. O importante aqui é ter clareza de qual mercado se participa, quem são os concorrentes por pessoal qualificado, quais são as políticas de pagamento de salários, e tentar equilibrar essa caracterização externa com o ambiente interno. A decisão de qual será o posicionamento da política salarial é condição essencial para estabelecer qual será seu papel nesse mercado.

Também aqui se tem assistido à busca da diferenciação. As organizações estão compreendendo que não é preciso ter o mesmo posicionamento salarial em relação ao mercado para todos os cargos. Também é necessário avaliar quais são as posições-chave para os negócios da empresa e, provavelmente, partir para uma política salarial mais agressiva para elas do que para os demais cargos. Da mesma forma, podem ser estruturadas tabelas salariais com características (como amplitude de faixa) distintas para cada grupo funcional.

Um modelo amplamente incorporado pelas organizações emprega as políticas de remuneração variável, com uma parcela associada à obtenção de resultados. Hoje, essa parcela chega a até 25% da remuneração total do colaborador. Esse percentual pode variar em função da agressividade que se quer dar a essa forma de política e, também, das características específicas da atividade de cada colaborador.

Normalmente, essa parcela da remuneração é definida a partir de uma soma de fatores, tais como os resultados da organização, das equipes de trabalho e dos resultados individuais. A graduação entre a participação de cada um deles é resultado direto do que se procura incentivar dentro da empresa.

Entre as várias empresas que adotaram esse sistema, estão a Asea Brown Boveri, com a participação nos resultados e bônus gerencial; o Grupo Algar, que incorpora fatores quantitativos e qualitativos na definição de sua política de remuneração variável; o Grupo Pão de Açúcar, que emprega a remuneração variável para os executivos e a participação para os demais colaboradores; a Serasa, Intelig e Aventis Pharma, com a participação nos resultados; o Carrefour, com a remuneração variável; a Ultragáz, que aplica a participação nos resultados por grupos; e o Grupo Accor, que a aplica a 90% de seus 23.400 colaboradores. Como vimos, é uma prática amplamente utilizada e deve ser empregada de acordo com o ambiente de cada organização.

Dentro do contexto dos pacotes de compensação, o item que menos vem sofrendo alterações é a gestão das políticas de benefícios concedidos aos colaboradores. Ainda são contempladas as coberturas de assistência médica e hospitalar, e têm aumentado a cobertura odontológica, seguro de vida, subsídio às refeições, planos de previdência complementar e outros benefícios diretos ou indiretos.

Assumindo a parcela mais significativa do custo desses benefícios, as organizações têm buscado flexibilização nas formas de sua concessão e custeio. Uma iniciativa nesse sentido é a estratégia de benefícios flexíveis, em que cada colaborador pode compor seu pacote de acordo com suas necessidades individuais, mas limitado às opções oferecidas pela empresa e a uma verba orçamentária. Essa modalidade ainda não se tornou prática muito difundida.

Como vimos, pode-se montar um sistema de compensação com uma série de alternativas e formas de aplicação. O principal desafio é compreender as necessidades da organização. A política de compensação precisa estimular esforços na direção da estratégia de negócios da empresa e cooperar para isso. Também deve contribuir para inserir em seu grupo, e ali manter, colaboradores que possam garantir sua performance.

Buscar essa composição ideal deve ser o objetivo de toda liderança.

Cuidado com a avaliação

Sempre foi um grande desafio para as organizações a definição e a implantação de sistemas de avaliação do desempenho de seus colaboradores. Em primeiro lugar, porque em qualquer método de avaliação sempre existe um componente de subjetividade, pois ela está baseada no processo de análise do trabalho de uma pessoa por outra ou um grupo delas, que acabam utilizando seu repertório de valores e de senso de julgamento.

O ponto fundamental para os processos de avaliação de desempenho é procurar minimizar o máximo possível a influência desses aspectos em seus modelos. Acreditamos que não seja possível eliminá-los totalmente, mas podem-se amenizar seus efeitos.

Antes, é necessário que estejam muito claros os objetivos da avaliação. Precisa-se saber para que as pessoas estão sendo avaliadas, o que se fará com o resultado, o que se quer identificar e, principalmente, qual é a disposição para discussão dos resultados e encaminhamento das medidas decorrentes deles. É a partir da definição dessas questões que podem ser estabelecidos os referenciais que nortearão todo o processo de avaliação.

Esse referencial servirá para definir o foco do sistema de avaliação, qual será seu processo, quem serão os avaliadores, identificar o instrumento mais adequado e como serão apurados seus resultados. É de grande importância a comunicação do projeto a todos os envolvidos, deixando claras todas as suas características, inclusive suas limitações. Investindo bastante nessa etapa, os riscos de não-aceitação do processo ficam menores.

Outro cuidado que vem sendo adotado pelas organizações com relação aos processos de avaliação diz respeito aos avaliadores. Em primeiro lugar, cuida-se de sua preparação, se possível realizando etapas piloto. Outra forma tem sido a ampliação do número de pessoas que realizam a avaliação de cada colaborador. Há experiências envolvendo como avaliadores, além de seu chefe imediato, pessoas de seu mesmo nível hierárquico, podendo incluir seus subordinados e pessoas com quem mantém relacionamento dentro e fora da organização. É a chamada avaliação de 360°, adotada, entre outros, pela Intelig, Serasa e Telefônica.

Também contribui para a aceitação do processo de avaliação a clareza dos parâmetros a serem considerados, para que os colaboradores tenham consciência do que é esperado de seu trabalho. Inclui-se nesse aspecto o estabelecimento das metas a serem atingidas; elas precisam ser objetivas e preferencialmente negociadas com os colaboradores.

Independentemente do processo de avaliação adotado, sua realização deve representar um momento de melhoria da relação do colaborador com sua chefia. Deve propiciar uma conversa franca entre os dois, para esclarecimento dos motivos que fundamentaram os julgamentos efetuados pela chefia, mostrando evidências que justifiquem suas decisões. Quando for o caso, também é um momento para avaliação dos resultados apresentados pelos demais avaliadores envolvidos no processo.

Podem ser citados aqui o caso da Ford, que realiza um processo semestral de avaliação por objetivos que serve de base para as questões de reconhecimento e recompensa; o processo de análise do desempenho aplicado pelo Carrefour; o programa de avaliação do desempenho (*performance partnership*) da Bristol Myers Squibb, cujo objetivo é desenvolver/acompanhar o desenvolvimento pessoal e equilibrar as oportunidades individuais de crescimento; a Aventis Pharma, com o sistema de gerenciamento do desempenho; e a Intelig, que promove um *feedback* mensal entre sua equipe para avaliar competências nas ações da liderança.

Compartilhando vitórias

Conforme apresentamos nos capítulos anteriores, estabelecer metas e objetivos coerentes com a estratégia organizacional para todos os colaboradores na empresa é um eficaz instrumento de motivação. Quando conduzido de forma que envolva a todos e estabeleça desafios, esse processo pode funcionar como alavanca poderosa para a obtenção de resultados.

Para que o acompanhamento de resultados cumpra seu papel motivador, é necessário elaborar um eficiente sistema para sua apuração e divulgação. Note-se que o termo "eficiente" não significa necessariamente sofisticado e trabalhoso. O importante é que possibilite a apuração parcial de seus números e apresente sua evolução, comportamento e tendências.

Aqui cabe um destaque para os primeiros resultados e conquistas. Ao se estabelecerem objetivos com universo de tempo mais longo, corre-se o risco de que o grupo de colaboradores não tenha informação de como as coisas estão acontecendo, se estão na direção correta e se os esforços estão sendo válidos.

Nesse caso, é importante que todos os resultados e conquistas parciais sejam amplamente divulgados. Todos os resultados são importantes e trazem mais ânimo para a equipe, mas as conquistas iniciais merecem destaque especial, pois mostram à equipe que os desafios são possíveis de atingir.

É óbvio que esse processo está intimamente conectado com o planejamento estratégico da organização e com a montagem do quadro de indicadores de desempenho. A forma como são formalizados e as respectivas metas que apresentam devem facilitar e possibilitar seu acompanhamento periódico para análise e correção de rumos, se necessário, assim como a apuração dos resultados parciais.

Como em todos os aspectos da gestão de pessoas, a liderança tem um grande papel nessa etapa. Ela deve estar preparada para apresentar, discutir e analisar os resultados com sua equipe, tornando esse momento o mais proveitoso possível. Discutir os resultados, avaliando-os, verificando os fatores que permitem atingi-los pode significar para a equipe tanto a satisfação pelos resultados alcançados quanto o incentivo para uma reviravolta, ou pode significar um momento de desestímulo se for malconduzido ou realizado apenas para cumprir tabela. A atuação da liderança dará o tom dessa atividade.

Não se pode esquecer que compartilhar deve incluir a devida comemoração das vitórias, não necessariamente com grandes festas, mas com momentos especiais dedicados à celebração dos resultados.

Valorizando os resultados

As organizações vêm buscando diferentes formas de valorização e distinção dos resultados apresentados por seus colaboradores. Estão descobrindo cada vez mais os benefícios de uma política saudável e bem estruturada de reconhecimento dos desempenhos destacados.

Trata-se aqui da necessidade do ser humano de sobressair no universo das pessoas. Contrariamente, de modo geral, o ambiente organizacional leva a uma certa homogeneização. Regras, critérios, padrões de desempenho, códigos de conduta, indicadores de resultados e um arsenal de práticas corporativas levam a um comportamento profissional pautado pelos padrões e referenciais coletivos. Para atenuar essa realidade, algumas organizações têm adotado políticas de reconhecimento como forma de dar destaque ao indivíduo.

Todos os colaboradores podem ser alvo dessa política. Destaca-se o desempenho diferenciado, nem sempre diretamente vinculado ao cumprimento de metas, até porque elas são alvo das políticas de remuneração variável. O colaborador deve apresentar desempenho além do esperado, destacando-se em relação aos demais, ou apresentar sugestões que contribuam para a melhoria da performance da organização.

É essencial a atuação das lideranças na aplicação dessa excelente ferramenta gerencial que são as políticas de reconhecimento. Elas têm a responsabilidade de criar um ambiente de trabalho que propicie o surgimento de desempenhos diferenciados, sendo responsáveis por avaliar e indicar os colaboradores que merecem esse reconhecimento. Devem, ainda, apresentar os resultados das premiações, justificando-os e conduzindo os momentos de celebração.

Têm sido adotados mecanismos financeiros e não-financeiros no reconhecimento da atuação de colaboradores. Entre as formas financeiras, podem ser citados prêmios em dinheiro, pacotes de viagem, bonificações ou tíquetes para a realização de compras.

As formas não-financeiras de reconhecimento incluem a entrega de troféus e medalhas, entrega de menções honrosas, eleição do colaborador de destaque, entre outras.

Entre as organizações que adotam essa prática estão a Serasa, com o programa de reconhecimento e recompensa da qualidade; a Merck Sharp & Dohme e a Sabesp, com os respectivos programas de reconhecimento; a entrega de prêmios e bônus na Perdigão; a concessão de bônus da Johnson & Johnson, influenciados por fatores financeiros ou não; a entrega de cestas básicas pelo Grupo Pão de Açúcar dentro do programa de incentivo à redução de quebras operacionais; a entrega do prêmio Destaques pela Asea Brown Boveri; o Special Active Awards da Aventis Pharma; e o programa de premiação individual da Bristol Myers Squibb.

Independentemente da forma adotada, é preciso destacar e premiar performances dignas de reconhecimento.

5

O AMBIENTE ORGANIZACIONAL

"Se adotamos a auto-responsabilidade não meramente como uma preferência pessoal, mas como um princípio filosófico, logicamente nos comprometemos com uma idéia moral profundamente importante."

NATHANIEL BRANDEN

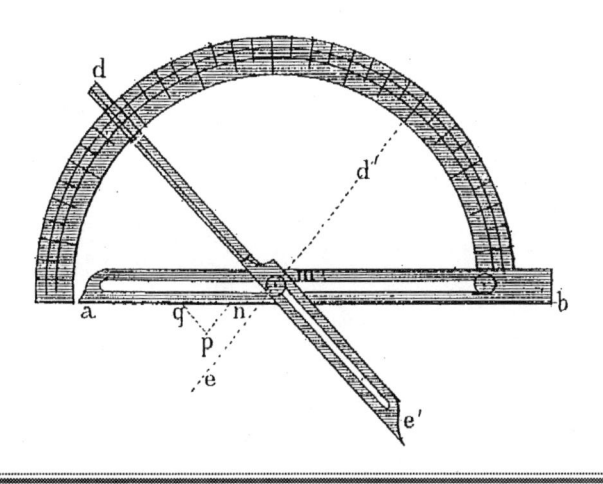

Por fim, percebe-se que as organizações entenderam que uma eficiente gestão de seu ambiente organizacional traz excelentes resultados para os negócios. Passaram a se preocupar em criar um ambiente de trabalho em que as pessoas se sentissem respeitadas em sua individualidade, pudessem efetivamente participar da vida da empresa, fossem estimuladas a atuar em equipe e, principalmente, manifestassem e aplicassem sua criatividade e contribuíssem de forma significativa para o nível de produtividade da organização e para a continuidade de sua existência.

Da mesma forma, as organizações tomaram consciência de que não são entidades isoladas do meio em que atuam. Começaram a estruturar ações e políticas de relacionamento com as comunidades em que estão inseridas, atuando com as pessoas e o meio ambiente. Elaboraram programas de responsabilidade social, exercendo seu papel de agente social, que pode contribuir muito para o desenvolvimento econômico e social do País.

Pode-se dizer que adotaram a política de melhoria do seu relacionamento com todos aqueles com quem estão ligadas, tanto interna quanto externamente, pois o convívio saudável é o caminho para a evolução de todos.

O relacionamento com o time

Percebe-se uma evolução gradual na forma de relacionamento das organizações com seus colaboradores. Cada organização segue seu ritmo de desenvolvimento, mas de maneira geral tem-se detectado a preocupação em buscar melhorias na forma de gestão do ambiente organizacional.

O foco das preocupações tem ido além da concessão de benefícios e outras formas de melhorias do ambiente ligadas mais aos aspectos físicos. Há um cuidado especial com as questões de relacionamento e de respeito às pessoas e à justiça social. É a busca do tratamento igualitário a todos os colaboradores. Não se trata de aspectos ligados às políticas de remuneração ou de benefícios da empresa, que trazem em sua concepção diferenciações entre grupos funcionais, mas sim da forma de tratar as pessoas.

Muitas organizações — entre elas, Perdigão, Sabesp, Ford, Carrefour, Grupo Algar, Citibank, Intelig e o Grupo Pão de Açúcar — têm investido na gestão de seu clima organizacional, com o apoio de pesquisas para identificação de suas prioridades de ação. Na SAP, a pesquisa de clima foi utilizada como base para elaboração do programa de aumento do engajamento dos colaboradores com a organização.

Todos merecem respeito, têm condições e devem participar da vida organizacional, discutindo seus aspectos e manifestando opiniões, propondo idéias e sugestões. Devem ter acesso às oportunidades de desenvolvimento em sua carreira profissional. O fluxo de informações deve atingir todos os níveis funcionais, evitando-se o esquema de poder por deter dados privilegiados.

Outra preocupação das organizações está na necessidade de compartilhar seus valores com os colaboradores. Encontram-se ações nesse sentido na Merck Sharp & Dohme, com a criação do Grupo Nossos Valores; na Redecard, que tem a Declaração de Práticas e Crenças de Gestão; e na Serasa, com o programa Valores Compartilhados.

A organização precisa desenvolver canais de

comunicação com seus colaboradores, para que eles manifestem suas opiniões, e desenvolver suas lideranças para que possam ser mais acessíveis e preparadas para gerenciar num ambiente de maior liberdade; ou estimular vias de comunicação que não necessariamente sejam as estabelecidas pelas linhas hierárquicas oficiais.

É o caso das políticas de *respect at work* e da VOE (*voice of employee*) adotadas pelo Citibank.

Esse conjunto de atitudes e ações compõe um cenário organizacional de igualdade no tratamento das pessoas. Quando isso ocorre e o clima de confiança é criado, a organização flui de maneira mais tranqüila, mesmo no encaminhamento das decisões mais amargas que muitas vezes têm de ser tomadas.

Esse ambiente também é caracterizado pelo aumento da participação dos colaboradores, que com a maior abertura na organização sentem-se estimulados a propor idéias. Nunca se falou tanto em proporcionar autonomia e *empowerment* às pessoas, para que possam assumir mais responsabilidades e ter maior amplitude em sua atuação profissional. Mas esses tópicos não têm espaço em organizações fechadas e com estrutura organizacional rígida.

Podem ser lembradas aqui as políticas de incentivo à autonomia, adotadas pelo Carrefour, e as iniciativas de implantação de equipes autogerenciáveis da Ford e da Volvo.

Outro tema que merece destaque é o da diversidade cultural. A primeira referência que surge quando se pensa nele é a questão das quotas de participação de representantes de diferentes origens étnicas ou da participação percentual dos sexos na composição do quadro de colaboradores da organização.

Entretanto, a discussão apenas em torno desses tópicos restringe as possibilidades do tema. Podem ser encontrados nos dicionários dois significados para diversidade: variedade e diferença. Sendo assim, gerenciar a diversidade nas organizações significa conseguir o melhor resultado a partir de visões e concepções de mundo diversas, que implicam diferentes avaliações.

Para atingir esse objetivo, é necessária à organização a visão de que a convivência de pessoas com posições diversas leva ao crescimento e à evolução da empresa.

É evidente que essas discussões estão no começo, e sem dúvida as organizações enfrentarão dificuldades para entender e gerenciar de maneira adequada a questão da diversidade. Esse caminho passa necessariamente pela revisão das políticas de gestão e contratação de pessoas: se continuarmos insistindo em buscar profissionais com os perfis já existentes na organização, ou com experiência apenas em nosso mercado de atuação, estaremos repetindo modelos existentes e não agregando diversidade.

Para adotar as políticas apresentadas, as organizações dependem de pessoas que exerçam liderança sobre outras. Dependem de as lideranças adotarem esses valores e conceitos, que então passariam a fazer parte de seu código genético e seriam vivenciados na prática. O caminho para obter isso não é fácil e requer muita dedicação e obstinação.

A qualidade de vida

Outro fenômeno ocorrido nas organizações foi a criação e consolidação dos programas de qualidade de vida destinados aos colaboradores. Formatados das maneiras mais variadas, em função das características e necessidades de cada empresa, esses programas fundamentalmente apresentam aspectos preventivos ou curativos ligados à saúde integral do indivíduo.

Ao usar o termo "saúde integral", faz-se referência aqui a todas as dimensões do indivíduo: física, mental, espiritual, emocional e social, incluindo os aspectos relacionados às questões profissionais.

Na dimensão física, estão os cuidados com o corpo físico, envolvendo uma nutrição adequada, cuidados com a higiene, atividade física e o envolvimento com o meio ambiente. Na dimensão mental, tem-se o desenvolvimento intelectual, a aquisição de conhecimentos, a capacidade de criar, pesquisar e inventar. Na dimensão emocional, destacam-se os aspectos ligados à personalidade do ser humano, incluindo o contato e a expressão dos sentimentos, emoções, desejos, vontades e necessidades. Na dimensão espiritual, não se enfatizam as questões religiosas, mas o sentimento de pertencer ao mundo, a capacidade de se questionar; trata-se aqui das crenças pessoais e dos valores que selecionamos para viver. A dimensão social engloba aspectos ligados à vida em grupo, enfocando os fatores de relacionamento interpessoal, econômico, político, ideológico e cultural. Diz respeito aos papéis sociais que exercemos e nossa participação na sociedade, inclusive nosso papel profissional.

Ao abordar a qualidade de vida, aludimos à busca de equilíbrio pelo ser humano, que deve procurar desenvolver-se em todas essas dimensões para evitar que ocorram desequilíbrios e doenças. Essa visão de saúde integral tem direcionado programas de qualidade de vida nas organizações.

Muitas empresas estimulam seus colaboradores a equilibrar sua vida pessoal e profissional. Para atingir sua plena capacidade de trabalho, o ser humano precisa estar centrado e harmonizado, utilizando plenamente todas as suas faculdades e todo o seu potencial. Nos tempos modernos, talvez esse seja o maior desafio para as pessoas, e cada uma delas deverá encontrar seu caminho, pois as possibilidades são infinitas; cabe ao indivíduo a responsabilidade por suas escolhas.

Compete, no entanto, às organizações gerenciar programas e ações que levem seus colaboradores a se conscientizar dessa necessidade e estimulá-los a partir para a tomada de ações práticas.

Algumas empresas optam por incentivar mais os aspectos educativos e de conscientização de seus colaboradores. Investem em palestras, oficinas, grupos de discussão, distribuição de materiais ilustrativos, realização de campanhas, entre outras iniciativas voltadas para despertar o interesse por essas questões e, principalmente, gerar neles a iniciativas de fazer uma auto-análise de sua situação individual e buscar os caminhos para atingir seu equilíbrio.

Outras organizações partem para a disponibilização de alternativas para os colaboradores dentro das suas próprias instalações, implantando academias de ginástica, espaços para descanso e relaxamento, contratação de profissionais em terapias alternativas, incentivo ao trabalho voluntário e às oportunidades de desenvolvimento profissional etc.

Todos vivemos submetidos a várias pressões diárias que levam ao desgaste físico, mental e emocional, conduzindo-nos a um estado constante de estresse. Muitas vezes nos esquecemos de cuidar de nossas dimensões da saúde, atentando a elas somente quando já estamos em crise ou doentes.

A Asea Brown Boveri, o Grupo Algar, o Citibank, o Metrô de São Paulo, a Nestlé, o Grupo Pão de Açúcar, a Perdigão e a Sabesp estão entre as organizações que estruturaram programas de qualidade de vida para seus colaboradores.

Ninguém consegue forçar as pessoas a mudar seus hábitos se elas não estão conscientes da necessidade dessas mudanças. Cabe às organizações criar condições para que as pessoas possam perceber suas necessidades e buscar o que as equilibra e lhes dá prazer.

Envolvendo a comunidade

Tem se destacado nas práticas de gestão das organizações o conceito de responsabilidade social, que implica o relacionamento ético e responsável da empresa com toda a comunidade com a qual está envolvida — seus colaboradores, clientes, fornecedores, acionistas, órgãos do governo, comunidades dos locais em que a empresa está instalada — e sua forma de interação com o meio ambiente.

As organizações têm procurado atuar de forma ética, respeitando os interesses de todos e tentando estabelecer relações em que todos sejam beneficiados, evitando-se os tradicionais aspectos de exploração pelo poder econômico. Essa forma de atuação tem o poder de disseminar suas práticas e criar um referencial de gestão responsável, que com o passar do tempo pode efetivar seu efeito transformador na sociedade.

Neste tópico, serão destacadas as ações de relacionamento das organizações com as comunidades em que estão localizadas, uma vez que já foram analisados os programas de relacionamento com os colaboradores.

As organizações têm adotado as mais diversas formas de apoio a ações de caráter social. Uma delas é o incentivo a seus colaboradores para a realização de trabalhos voluntários, seja por intermédio de campanhas que promovam esse tipo de ação social, seja incentivando os colaboradores a atuar em projetos sociais apoiados pela organização. É o caso da Nestlé, da Compaq/HP e da Volvo, com o projeto Arte na Fábrica.

Outra forma de atuação das organizações nessa área consiste no patrocínio a ações sociais desenvolvidas pela comunidade, seja mediante a concessão de aportes financeiros ao projeto ou pela doação de materiais às entidades.

Outras organizações optam pela montagem de estruturas próprias mantidas com seus recursos, para abrigar projetos sociais que atendam à comunidade. Fazem parte dessa modalidade a constituição de fundações que gerenciam projetos nas áreas de saúde, educação ou outras áreas sociais, mas totalmente controladas e administradas pela estrutura da organização. Essa prática é adotada, por exemplo, pela Asea Brown Boveri e pelo Bradesco.

Essa atuação das organizações tem, ainda, levado para as entidades sociais referenciais de gestão de recursos, de gestão de projetos e de produtividade que possibilitam um melhor aproveitamento e gerenciamento dos recursos disponíveis. As entidades também estão incorporando conceitos e práticas que melhoram sua atuação na seleção de projetos e na posterior avaliação final.

A imagem das organizações perante a sociedade também é favorecida e aprimora-se o relacionamento entre os colaboradores, o que melhora sua auto-estima, sua sociabilidade e capacidade de atuação em equipe.

São as empresas ampliando seu papel na sociedade e assumindo suas responsabilidades para com a comunidade.

Integrar para realizar

Na gestão do ambiente organizacional, deve-se ainda levar em conta a integração das pessoas em seu local de trabalho. Não se trata aqui de apenas promover a adaptação às condições físicas do ambiente, mas, principalmente, de facilitar a aceitação das pessoas pelos diferentes grupos da empresa, como também sua adaptação aos valores e à cultura da organização.

Nesse aspecto, destacam-se as ações de integração de novos colaboradores à organização ou dos que são transferidos de unidades. Além das ações formais e corporativas para integração dessas pessoas, é fundamental a predisposição a receber os novos. Isso só se consegue quando o ambiente organizacional é saudável e a receptividade é demonstrada naturalmente.

O Grupo Accor adota o programa "Descobrindo o Mundo Accor", cujo objetivo principal é integrar o novo colaborador aos valores, à cultura e às atividades desenvolvidas pelo grupo no Brasil e internacionalmente. Cada empresa do grupo monta seu programa específico, aplicado também aos que mudam de função. Também com a intenção de transmitir aos novos funcionários os seus valores, o Banco Real/ABN AMRO Bank desenvolveu um game interativo com o conceito de *e-learning*, voltado aos recém-admitidos.

Alguns programas são destinados a facilitar a integração entre colaboradores que já atuam na organização, principalmente nas que possuem diversos escritórios. É o caso da Magazine Luiza, que estruturou seu programa com cinco ações: Treinamento de Integração, Grêmio da Amizade, Encontro de Funcionários, Eventos de Confraternização e Rito de Comunhão.

Cabe destacar também a preocupação com os colaboradores expatriados, que vem se ampliando nos últimos tempos. A Volvo, por exemplo, estruturou um programa para atendê-los e facilitar sua integração.

Nesses tempos de avançada globalização, em que as organizações atuam em países com hábitos e valores muito próprios, é comum a participação de seus colaboradores em grupos de trabalho compostos por pessoas de vários países, contatos diários com os escritórios internacionais, viagens internacionais, eventos sociais, entre outros, para facilitar o entendimento e a aceitação do diferente. Quando não são bem gerenciadas, as diferenças culturais podem dificultar o andamento das atividades e dos projetos.

Incentiva-se, nesse sentido, o trabalho em equipe, mediante a valorização de resultados obtidos pelos grupos: programas de reconhecimento e de remuneração variável dão maior destaque às conquistas coletivas.

Com a adoção das estratégias de terceirização e de contratação por projetos, passaram a compor o ambiente organizacional pessoas que não fazem parte do quadro de colaboradores da empresa, mas estão convivendo diariamente no mesmo ambiente e de cuja interação também dependem os resultados. Ainda não foram encontradas iniciativas que justifiquem a inclusão desses profissionais nas ações de melhoria do clima organizacional, mas esse assunto certamente precisará de maior atenção, pois esse tipo de relação de trabalho deve aumentar nos próximos anos.

Enfim, todos os investimentos na melhoria do ambiente de trabalho e em suas relações trarão resultados positivos para a gestão e os resultados da organização.

6

TOQUES FINAIS

"Os líderes de grandes grupos adoram o talento e sabem onde encontrá-lo...
Eles têm prazer com o talento dos outros."

WARREN BENNIS E PATRÍCIA WARD BIEDERMAN

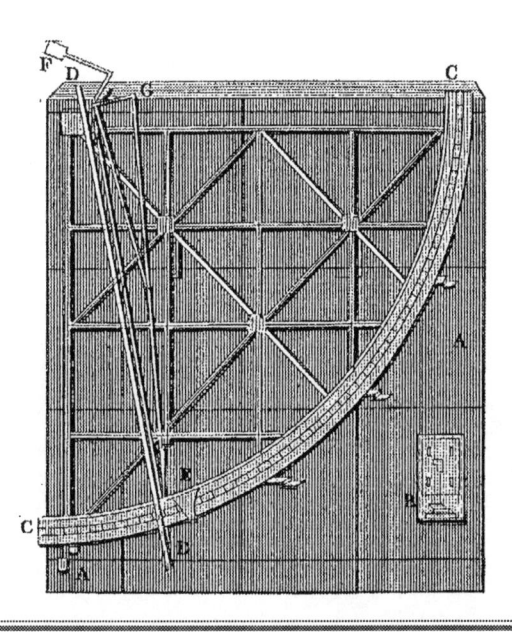

Neste livro, procuramos apresentar práticas que vêm se consolidando ao longo dos anos, para que os responsáveis pela gestão de empresas e liderança de pessoas tenham referencial para balizar e analisar sua atuação e encontrar alternativas para seus problemas. Desde o início, nossa proposta não foi dar fórmulas prontas, mas demonstrar, por meio de exemplos concretos, que é possível o desenvolvimento contínuo, de forma crítica e consciente.

Apresentamos, a seguir, experiências implantadas por várias organizações e apresentadas no Fórum Líder RH 2002, sob nossa coordenação.

Bloco 1 – Gestão de negócios e gestão de pessoas

Empresa	Ações de destaque
Accor	Projeto de preparação de lideranças para atuar no ambiente de negócios e gerir pessoas.

Aventis Pharma	Processo de definição da estratégia e o sistema para sua disseminação no estabelecimento das metas da organização.
Nextel	Processo de vinculação das políticas de RH com a estratégia organizacional.
Avon	Programa de estabelecimento de metas e respectivos indicadores e a contribuição de área de RH para seu alcance.
Redecard	Implantação e utilização do *balanced scorecard* para acompanhamento da estratégia.

Bloco 2 – Desenvolvimento organizacional e das pessoas

Empresa	Ações de destaque
Algar	Políticas de remuneração e reconhecimento/Projeto de avaliação do capital intelectual.
Sabesp	Implantação e gestão da Universidade Corporativa.
Citibank	Programa de gestão por competências.
Intelig	Políticas corporativas de desenvolvimento de pessoal.
Johnson & Johnson	Ações para retenção de talentos.

Bloco 3 – Ambiente organizacional

Empresa	Ações de destaque
ABB	Projetos sociais e relacionamento com a comunidade.
Carrefour	Gestão do ambiente interno e incentivo à autonomia na atuação dos colaboradores.
Pão de Açúcar	Programas de qualidade de vida – atendimento integral ao ser humano.
Kolynos	Programas de relacionamento com os colaboradores.
Serasa	Projeto de responsabilidade social, envolvendo os colaboradores e a comunidade.

Ao finalizar esta jornada e considerando o conjunto de idéias que apresentamos neste livro, destacamos alguns pontos que julgamos relevantes para o exercício da liderança:

- O ambiente de atuação das empresas está cada vez mais complexo, com ampliação do seu universo de atuação. É preciso estar atento aos caminhos do desenvolvimento da sociedade e às novas oportunidades.

- As organizações que conseguem traduzir de forma eficiente a estratégia para sua operação terão melhores condições de competição no mercado.

- O desenvolvimento organizacional, com evolução dos sistemas de gestão, deve ser orientado pelas estratégias de negócios.
- A atuação da liderança deve ser pautada por um profundo conhecimento do ambiente em que a organização atua, tanto nas questões internas quanto nas condições externas.
- Deve-se fazer uma análise crítica e consciente da realidade da organização. É preciso conhecer as tendências e experiências de outras organizações, mas sempre considerando que o que praticam está relacionado à realidade delas.
- Identificando necessidades reais, foge-se dos modismos.

Esperamos ter colaborado para a compreensão da liderança na gestão de pessoas.

BIBLIOGRAFIA

Boog, Gustavo & Madalena (Coord.). *Manual de gestão de pessoas e equipes.* São Paulo, Gente, 2002.

Drucker, Peter F. *Desafios gerenciais para o século XXI.* São Paulo, Pioneira, 1998.

Fischer, Rosa M. *O desafio da colaboração.* São Paulo, Gente, 2002.

Hamel, Gary & Prahalad, C. K. *Competindo pelo futuro.* Rio de Janeiro, Campus, 1995.

Heil, Gary; Bennis, Warren; Stephens, Deborah C. *Gerenciando o lado humano da empresa.* Rio de Janeiro, Qualitymark, 2002.

Kaplan, Robert S. & Norton, David P. *A estratégia em ação: balanced scorecard.* Rio de Janeiro, Campus, 1997.

Lodi, João B. *Fusões e aquisições.* Rio de Janeiro, Campus, 1999.

Martins, Hélio T. *Gestão de carreiras na era do conhecimento.* Qualitymark, 2002.

McIntosh, Malcom et alii. *Cidadania corporativa.* Qualitymark, Rio de Janeiro, 2001.

Peters, Tom. *O círculo da inovação: você não deve evitar o caminho para o seu sucesso.* São Paulo, Harbra, 1998.

Porter, Michael E. *Vantagem competitiva: criando e sustentando um desempenho superior.* Rio de Janeiro, Campus, 1992.

Tachizawa, Takeshy; Ferreira, Victor C. P.; Fortuna, Antonio A. M. *Gestão com pessoas.* São Paulo, Editora FGV, 2001.

Tachizawa, Takeshy; Rezende, Wilson. *Estratégia empresarial.* São Paulo, Makron Books, 2000.

Ulrich, David. *Recursos humanos estratégicos.* São Paulo, Futura, 2000.

Wind, Jeny Y. & Marin, Jeremy. *Provocar mudanças.* Rio de Janeiro, Qualitymark, 2002.

BIBLIOGRAFIA RECOMENDADA

Administração Participativa
- GROVE, Andrew. *Administração de alta performance: transformando subordinados e colaboradores em uma equipe altamente produtiva.* São Paulo, Futura, 2000.
- MCLAGAN, Patrícia & NEL, Christo. *A nova era da participação: o desafio de emocionar e envolver pessoas.* Rio de Janeiro, Campus, 2000.

Comunicação Interna (endomarketing)
- GREENHALGH, Leonard. *Relacionamentos estratégicos: a chave do sucesso nos negócios.* São Paulo, Negócio, 2002.
- JENSEN, Bill. *Empresas do futuro procuram: novas e criativas relações de trabalho.* Rio de Janeiro, Campus, 2002.

Desenvolvimento Organizacional
- BENI, Betty et alii. *Avaliação dos resultados em treinamento comportamental: como o investimento no capital humano pode retornar às organizações.* Rio de Janeiro, Qualitymark, 2002.
- FRANÇA-LIMONGI, Ana Cristina et alii. *As pessoas na organização.* São Paulo, Gente, 2002.
- JENSEN, Bill. *Empresas do futuro procuram: novas e criativas relações de trabalho.* Rio de Janeiro, Campus, 2002.
- RIVKIN, Steve & SEITEL, Fraser. *Usina de idéias: como manter sua empresa em constante inovação.* Rio de Janeiro, Campus, 2002.
- USEEM, Michael. *Liderando para o alto: como conduzir seu chefe em benefício de todos.* São Paulo, Negócio, 2002.

Desenvolvimento Pessoal
- ALLAN, Dave et alii. *E se...? Como iniciar uma revolução criativa no trabalho.* São Paulo, Best Seller, 2000.
- BERNHOEFT, Rosa Elvira Alba de. *Mentoring: abrindo horizontes, superando limites, construindo caminhos.* São Paulo, Gente, 2001.
- BOOG, Gustavo & MARIN, Maysa. *Crises! Como*

transformar as crises em oportunidades de crescimento pessoal e profissional. São Paulo, Gente, 2000.
- BOTELHO, Eduardo. *Make money: profissionalizando empresários e executivos*. São Paulo, Gente, 2000.
- CHIAVENATO, Idalberto. *Construção de talentos: coaching & mentoring*. Rio de Janeiro, Campus, 2002.
- CRITCHLEY, Robert K. *Reavaliando sua carreira: redirecionar, recomeçar ou parar?* Rio de Janeiro, Campus, 2002.
- FARREN, Caela. *Carreira de sucesso: como administrar e garantir o emprego em tempos difíceis*. São Paulo, Futura, 2000.
- LICHTENBERG, Ronna. *A influência do fator pessoal nos negócios*. Rio de Janeiro, Campus, 2002.
- MARTINS, Hélio Tadeu. *Gestão de carreiras na era do conhecimento*. Rio de Janeiro, Qualitymark, 2001.
- O'REILLY III, Charles A. & PFEFFER, Jeffrey. *Talentos ocultos: como as melhores empresas obtêm resultados extraordinários com pessoas comuns*. Rio de Janeiro, Campus, 2001.
- REVIEW, Harvard Business. *Entrevistas com líderes empresariais*. Rio de Janeiro, Campus, 2001.

- SOUZA, Vera Lúcia de. *Gestão de desempenho: julgamento ou diálogo?* Rio de Janeiro, Fundação Getúlio Vargas, 2002.

Gestão do Conhecimento / Universidade Corporativa
- COSTA, Ana Cláudia Athayde da. *Educação corporativa: um avanço na gestão integrada do desenvolvimento humano.* Rio de Janeiro, Qualitymark, 2001.
- GDIKIAN, Elizabeth Ayres & SILVA, Moisés Correia da. *Educação estratégica nas organizações: como as empresas de destaque gerenciam o processo de educação corporativa.* Rio de Janeiro, Qualitymark, 2002.
- PROBST, Gilbert et alii. *Gestão do conhecimento: os elementos construtivos do sucesso.* Porto Alegre, Bookman, 2002.
- STEWART, Thomas A. *A riqueza do conhecimento: o capital intelectual e a organização do século XXI.* Rio de Janeiro, Campus, 2002.
- TEIXEIRA, Andréa. *Universidades corporativas x educação corporativa: o desenvolvimento do aprendizado contínuo.* Rio de Janeiro, Qualitymark, 2001.

Gestão por Competências
- BADARACCO JR., Joseph L. *O sucesso dos líderes.* Rio de Janeiro, Campus, 2002.

- CIRATI, Guilherme. *Acorde para o sucesso: técnica, harmonia e improviso. Bandas de jazz dão o tom da administração competente*. São Paulo, Gente, 2000.
- CHIAVENATO, Idalberto. *Carreira e competência: gerenciando o seu maior capital*. São Paulo, Saraiva, 2002.
- DUTRA, Joel Souza et alii. *Gestão por competência: um modelo essencial para o gerenciamento de pessoas*. São Paulo, Gente, 2001.
- MARTINS, Hélio Tadeu. *Gestão de carreiras na era do conhecimento*. Rio de Janeiro, Qualitymark, 2002.
- MILLER, Jerry P. *O milênio da inteligência competitiva*. Porto Alegre, Bookman, 2002.
- RABAGLIO, Maria Odete. *Seleção por competências*. São Paulo, Educator, 2001.

Indicadores de Desempenho
- SIQUEIRA, Wagner. *Avaliação de desempenho: como romper amarras e superar modelos ultrapassados*. Rio de Janeiro, Reichmann & Affonso, 2002.

Motivação
- BLANCHARD, Ken. *Vai em Frente! Motivando com palavras e ações positivas*. Rio de Janeiro, Campus, 2002.

- GRION, Laurinda. *Ponha cor em sua vida*. São Paulo, Madras, 2003.
- WHITELEY, Richard C. *Ame seu trabalho*. São Paulo, Futura, 2002.

Planejamento Estratégico
- CHRISTENSEN, Clayton M. *O dilema da inovação*. São Paulo, Makron Books, 2001.
- DAVENPORT, Thomas H. *Missão crítica: obtendo vantagem competitiva com os sistemas de gestão empresarial*. Porto Alegre, Bookman, 2002.
- DAY, George D. *A empresa orientada para o mercado*. Porto Alegre, Artmed/Bookman, 2001.
- FOSTER, Richard & KAPLAN, Sarah. *Destruição criativa: por que empresas feitas para durar não são bem-sucedidas e como transformá-las*. Rio de Janeiro, Campus, 2002.
- LANGDON, Ken. *As 100 melhores idéias de negócios de todos os tempos*. São Paulo: Best Seller, 2000.
- LIMA, Frederico O. & TEIXEIRA, Paulo C. *Direcionamento estratégico e gestão de pessoas nas organizações*. São Paulo, Atlas, 2000.
- MARCIAL, Elaine Coutinho & GRUMBACH, Raul José dos Santos. *Cenários prospectivos: como cons-*

truir um futuro melhor. Rio de Janeiro, Fundação Getúlio Vargas, 2002.
- ORLICKAS, Elizenda. *Consultoria interna de recursos humanos*. São Paulo, Futura, 2001.
- TACHIZAWA, Takeshy & REZENDE, Wilson. *Estratégia empresarial: tendências e desafios*. São Paulo, Makron Books, 2000.
- TACHIZAWA, Takeshy et alii. *Gestão de negócios: visões e dimensões empresariais da organização*. São Paulo, Atlas, 2001.
- THOMPSON JR., Arthur & STRICKLAND III, A. J. *Planejamento estratégico: elaboração, implementação e execução*. São Paulo, Pioneira, 2000.
- ZACCARELLI, Sérgio B. *Estratégia e sucesso nas empresas*. São Paulo, Saraiva, 2000.

Qualidade de Vida
- FERNANDES, Eda. *Qualidade de vida no trabalho: como medir para melhorar*. São Paulo, Casa da Qualidade, 1996.
- SACHS, Judith. *20 minutos de férias*. São Paulo, Best Seller, 2001.
- SUCESSO, Edina de Paula Bom. *Trabalho e qualidade de vida*. Rio de Janeiro, Qualitymark, 1997.

Responsabilidade Social

- ASHEY, Patrícia Almeida. *Ética e responsabilidade social nos negócios.* São Paulo, Saraiva, 2001.

Sistemas de Remuneração

- PONTES, B. R. *Administração de cargos e salários.* 9ª ed. São Paulo, LTr, 2002.

Trabalho em Equipe

- CHANG, Richard Y. *O sucesso através das equipes.* São Paulo, Futura, 2000.

CONTATO COM OS AUTORES:

Alexandre Garrett
e-mail: alexandregarrett@terra.com.br

Fernando Luís Dias
e-mail: ferludias@uol.com.br

Impressão e Acabamento:
Gráfica e Editora Alaúde ltda.
R. Santo Irineu, 170 - SP - Fone: (11) 5575-4378

✓ SIM. Gostaria de receber gratuitamente informações sobre os lançamentos da Editora Gente.

Nome:

Endereço:

Cidade: **UF:** **Cep:**

Tel.: - - **Fax.:** - - **Data Nasc.:** Dia - Mês - Ano **Com.:** **Resid.:**

E-mail:

Estado Civil: ☐ Solteiro ☐ Viúvo **Formação Escolar:** ☐ 1º Grau ☐ Superior **Sexo:** ☐ M ☐ F
☐ Casado ☐ Divorciado ☐ 2º Grau ☐ Pós-Graduado

Ocupação:
☐ Estudante
☐ Prendas Domésticas
☐ Empregado Setor Privado
☐ Empregado Setor Público
☐ Empresário
☐ Profissional Liberal
☐ Autônomo
☐ Aposentado

Áreas de Interesse:
☐ Marketing
☐ Tendências/Estratégia
☐ Recursos Humanos
☐ Finanças/Economia
☐ Psicologia
☐ Auto-Ajuda
☐ Religião
☐ Esotérico
☐ Outros: _____

Onde você comprou este livro?

Aspecto mais interessante:
☐ Preço ☐ Autor
☐ Capa ☐ Editora
☐ Assunto

Nº livros comprados no último ano:
☐ Até 10 ☐ 11 - 20 ☐ + 20

```
1 0
5 5
0
```

☐ Não gostaria de receber promoções de outras empresas.

DOBRE AQUI E COLE

PRT/SP-5421/99
UP-AC GUAICURUS
DR/SÃO PAULO

CARTA RESPOSTA
NÃO É NECESSÁRIO SELAR

O SELO SERÁ PAGO POR
EDITORA GENTE

05033-999 SÃO PAULO - SP

DOBRE AQUI